Pense duas vezes antes de falar, porque suas palavras e influência plantarão a semente do sucesso ou do fracasso na mente do outro.

— Napoleon Hill

CB018745

Como líder, você tem poder de influência. E você pode escolher influenciar negativa ou positivamente.

– Jeffrey Gitomer

SENDO VOCÊ UM LÍDER DE CLASSE MUNDIAL:

Seu pessoal precisa ver sua dedicação para se tornar dedicado.

Seu pessoal precisa ver seu entusiasmo para se tornar entusiasmado.

Seu pessoal precisa ver sua convicção para se tornar convicto.

Seu pessoal precisa ver seu empenho para se empenhar mais.

–Jeffrey Gitomer

Jeffrey Gitomer

ESTRATÉGICO LIVRO DA LIDERANÇA

As 12,5 Forças
Dos Líderes Confiáveis e Notáveis Que Criam Resultados, Recompensas e Resiliência!

M.Books do Brasil Editora Ltda.

Rua Jorge Americano, 61 - Alto da Lapa
05083-130 - São Paulo - SP - Telefones: (11) 3645-0409/(11) 3645-0410
Fax: (11) 3832-0335 - e-mail: vendas@mbooks.com.br
www.mbooks.com.br

Dados de Catalogação na Publicação

GITOMER, Jeffrey
Estratégico Livro da Liderança. As 12,5 Forças dos Líderes Responsáveis,
Confiáveis e Notáveis que Criam Resultados, Recompensas e Resiliência/
Jeffrey Gitomer
2012 – São Paulo – M.Books do Brasil Editora Ltda.
1. Liderança   2. TI - Tecnologia da Informação   3. Recursos Humanos
4. Administração
ISBN: 978-85-7680-136-8

Do original: Little Book of Leadership
Publicado em inglês pela: John Wiley & Sons, Inc.

© 2011 by Jeffrey Gitomer.

Editor
Milton Mira de Assumpção Filho

Tradutor
Mônica Rosemberg

Produção Editorial
Lucimara Leal

Capa
Zuleika Iamashita

Coordenação Gráfica
Silas Camargo

Editoração
Crontec

2012

O Momento para um Livro de Liderança Realista é AGORA!

Este *Estratégico Livro da Liderança* cria uma nova oportunidade para líderes e aspirantes a líder que buscam conquistar, vencer e ter sucesso independentemente de seus cargos, status, empresa em que trabalham, ou da experiência que têm.

Este é um livro de liderança que transcende a teoria e a filosofia e vai direto ao fundamental e às táticas, acrescentando um pouco de audácia.

Todo mundo sabe que liderança requer ousadia e coragem. O que muitos não entendem é que a liderança requer uma pessoa que possa manter a calma e a resiliência no meio da batalha do negócio e do governo.

Um líder deve ser capaz de, em instantes, reagir, responder e se recuperar diante das circunstâncias presentes.

EIS COMO VOCÊ PODE VENCER: Este livro o desafiará a autoavaliar cada faceta de sua habilidade de liderança e pedirá para você avaliar cada fato apresentado, para poder entender plenamente o que deve fazer e como aprimorar suas competências.

Como Usar Este Livro para Ter Sucesso...

Todos os líderes querem ter sucesso. Este livro o ajudará. Seu conteúdo não apresenta nenhuma fórmula e nenhum manifesto. Em vez disso, é uma coletânea de princípios, ideias, exemplos e conceitos que estimulam a reflexão e que o ajudarão a ter sucesso como líder, neste momento, nesta conjuntura.

ENTRE EM AÇÃO: Procure os pontos-chave de entendimento e as principais ações que pode empreender para implementar a informação. Este livro apresentará ideias sobre as quais você jamais pensou como líder: como sua atitude pode afetar a atitude dos outros, como sua experiência involuntariamente surge para ajudá-lo a decidir durante uma crise, e como sua resiliência o ajuda a aceitar qualquer coisa e responder de uma maneira que não só realiza, mas também cria oportunidades para mais realizações.

Este livro o ajudará a pensar e repensar sobre como você delega e como se comunica, e observar mais de perto como você é visto, não apenas como você vê os outros.

Este livro mostrará opções para você ver as coisas sob uma luz nova e diferente. Você terá respostas novas na sua colaboração com os outros – não apenas para concluir uma tarefa, mas também para ganhar respeito e, consequentemente, boa reputação.

Este livro o ajudará a entender sua situação, a identificar suas oportunidades, a criar seus objetivos, a executar pela ação e delegação, e a estabelecer uma posição de liderança por meio do entusiasmo, brilhantismo, ação, colaboração, resiliência e realização – não pela força, comando, cargo ou direito.

DEIXE ESTE LIVRO SER SEU PARÂMETRO: Este não é um livro para ler e dizer "Eu sei isto". Este livro o desafiará a se perguntar "O quão bom sou nisto?" e a criar respostas e estratégias para reduzir a distância entre o "Onde estou agora?" e o "Onde quero estar?".

Não estou questionando seu conhecimento das coisas, mas este livro criará uma oportunidade para você transformar este conhecimento em sucesso e realização.

Este livro é sobre você e para você. Minha intenção era torná-lo o mais conveniente e útil possível:

1. Tornei o livro tão objetivo que é possível consultá-lo com facilidade.
2. Tornei cada capítulo curto e fácil para você poder ler e absorvê-los em minutos.

2.5 E tornei este livro desafiador porque como líder você busca desafios.

Este livro fará sua massa cinzenta utilizar suas sinapses ao extremo.

Defina Liderança. Agora a Redefina com Base em Você.

Ocorreu-me que a maioria das pessoas que escreve sobre liderança não é mais líder. É fácil para esses autores defenderem sua filosofia de crítica a *posteriori* "eu teria feito diferente" – mas é difícil para os líderes sob fogo cruzado tomarem uma decisão como se estivessem de fora.

Acabei de ler um artigo numa revista de negócios escrito por um autor renomado que costumava ser líder. Fiquei horrorizado. Um dos "principais" argumentos era que a "Clareza é o antídoto da ansiedade, portanto a clareza deve ser a única preocupação do líder eficiente". Um monte besteira!

Se você é um líder, e clareza é sua única preocupação, então não há muita coisa acontecendo.

Para mim, a preocupação de um líder é multifacetada. Não existe "uma" preocupação mais poderosa do que outra. Liderar por meio de exemplos, lealdade da equipe, cumprimento de metas, lucro para a empresa, excelência no desempenho, ótimas habilidades de comunicação e realização no trabalho são todas mais importantes do que a "clareza". E se um líder não ficar um pouco indeciso ao longo de sua jornada, algo está errado.

"Clareza é o antídoto da ansiedade". Embuste. Se um líder estiver ansioso, o primeiro passo seria descobrir sua origem e, então, tomar medidas para eliminá-la.
Ser "claro" é uma expressão de efeito que não significa nada. É tão sem significado quanto "valor agregado", "de propósito" ou "foco". Palavras vazias sobre liderança.

Então, se você é chefe, gerente ou algum tipo de líder, preste atenção! Vou ajudá-lo a entender as competências de que precisa para ser um líder de verdade. Ou melhor, que qualidades de liderança você deve implementar para ter sucesso – as ações, os princípios e as habilidades que deve empregar para que a liderança funcione. Funcione para você, para seu pessoal, seus clientes, seus vendedores e sua empresa. Nesta ordem.

Tenha em mente que existem graus de eficiência de liderança. Sua habilidade de dominar essas competências de liderança tem relação direta com sua habilidade de liderar:

- **FAÇA COM QUE SEU PESSOAL GOSTE DE VOCÊ E ACREDITE EM VOCÊ.** Líderes odiados acabam sendo afastados ou demitidos. A menos que você seja o líder máximo, caso em que as pessoas simplesmente saem da empresa.
- **CERTIFIQUE-SE DE QUE SEU PESSOAL E O TRABALHO QUE DESEMPENHAM "COMBINAM".** As pessoas precisam se sentir confortáveis sobre as tarefas que desempenham diariamente e sobre o local onde as desempenham.
- **DEIXE QUE AS PESSOAS LHE CONTEM SUAS METAS, E DEPOIS AS MODIFIQUEM JUNTOS.** Se elas criarem suas próprias metas, acreditarão que podem alcançá-las.
- **DÊ A SEU PESSOAL TAREFAS ESPECÍFICAS E ORIENTAÇÕES CLARAS.** Certifique-se de que eles sabem o que estão fazendo e como devem fazer. Certifique-se de que eles enxergam o trabalho como um todo e sabem que a parte deles é vital.
- **FAÇA COM QUE SEU PESSOAL AME O QUE FAZ E O LOCAL DE TRABALHO.** Torne as tarefas executáveis e o ambiente de trabalho divertido. Proporcione uma atmosfera de trabalho EXCELENTE e alegre. Torne a atmosfera condutiva à realização de obrigações, tarefas ou projetos desafiadores, mas que não oprimam ou estressem.
- **CERTIFIQUE-SE DE QUE TODAS AS QUESTÕES SOBRE DINHEIRO ESTEJAM CLARAS.** Não apronte com o dinheiro das pessoas. Pior, não reduza salários ou comissões para cortar custos. Pague o

justo, ofereça bons benefícios e proporcione segurança. Caso contrário, as pessoas irão embora.

- **CERTIFIQUE-SE DE QUE OS CONTRACHEQUES ESTEJAM CERTOS E SEJAM COMPENSÁVEIS.** As pessoas contam seu dinheiro e contam com ele. Nada desestimula mais do que problemas com o salário.
- **ENCORAJE SEU PESSOAL.** Não há nada melhor que um treinador torcendo por sua equipe em campo.
- **RECOMPENSE SEU PESSOAL.** Nem sempre precisa ser dinheiro – embora se você perguntar a eles o que querem, "dinheiro" sempre será a resposta. O que quer que você dê, não seja mesquinho. Faça com que se sintam valorizados.
- **ELOGIE SEU PESSOAL.** Elogie o trabalho árduo. Elogie o esforço. Elogie as realizações. Sempre.
- **ATRAVÉS DE SUAS AÇÕES E REALIZAÇÕES, SEJA O HERÓI DELES.** Seu pessoal precisa ver sua dedicação para se tornar dedicado. Se você for o condutor e aquele que faz grandes coisas acontecerem, será o herói daqueles que respeitam sua ética e realizações.

Que tal isto para uma dose de "clareza"?

Existem aqueles que defendem a seguinte filosofia de liderança: "Você não precisa ser amado. Só precisa ser respeitado". E essa é uma afirmação excelente se você está em busca de alta rotatividade.

Queremos trabalhar com as pessoas de quem gostamos. E respeitam-nos. Deixe de lado seu quinhão de poder. Benevolência funciona melhor.

Tenho certeza de que você já ouviu a expressão: "Lidere, siga ou saia do caminho".

EIS UMA DICA IMPORTANTE: Se você é o líder e ainda não domina as habilidades que acabei de enumerar, não precisa se preocupar em sair do caminho. Os melhores de seu pessoal o atropelarão ou fugirão de você.

Um Novo Pensamento sobre 40 Anos de Excelência

– Uma nota de Paul "Doc" Hersey

Mais de 40 anos atrás, criei os critérios, os cursos e os livros para o que em última análise evoluiria para Liderança Situacional®. Desde então, mais de 10 milhões de líderes participaram das aulas e das oportunidades incríveis que este programa oferece.

Minha marca registrada e mundialmente reconhecida de "quatro quadrantes e uma curva de sino" é meu selo de qualidade pessoal de treinamento para cada aula ou seminário que ministro.

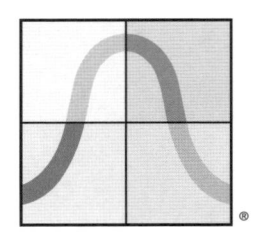

As pessoas adoram e criam uma relação de afinidade com ela. E admito que sinto muito orgulho toda vez que a desenho.

Embora minhas andanças pelo mundo tenham diminuído, agora que entro em minha nona década de vida e que repassei minhas obrigações diárias de liderança no Centro de Estudos de Liderança para a equipe extremamente competente que desenvolvi, continuo sendo o "líder cerebral", não o "líder figurativo", do planejamento da próxima década da Liderança Situacional.

Após mais de cinco décadas como professor e pensador, cheguei a uma conclusão adicional sobre a execução fundamental da Liderança Situacional: ela COMEÇA com a atitude (receptividade) de ambos, líder e equipe.

O que me leva a apresentar a genialidade em atitude de meu colega e amigo, Jeffrey Gitomer.

Nos últimos 10 anos, nossa amizade floresceu pela troca mútua de filosofias e ideias e porque sua coleção de *memorabilia* de esportes inclui itens efêmeros de meu time de basquete na Setton Hall University.

O *Estratégico Livro da Liderança*, de Jeffrey, é um GRANDE livro.

Além de introduzir esta nova visão revolucionária da Liderança Situacional para os próximos 10 anos, Jeffrey examinou e redefiniu as características, os princípios e as forças de um líder para que este possa atingir a excelência em trabalhar e lidar com os outros de forma positiva e impactante.

Sumário

Força 5 – DE LIDERANÇA EM *COACHING*

Força 6 – (A NOVA) LIDERANÇA SITUACIONAL

Força 11 – DE LIDERANÇA EM CELEBRAÇÃO

Força 12 – DE LIDERANÇA NO PRÓXIMO NÍVEL

Força 12,5 – DE LIDERANÇA EM LEGADO

FORÇA

DE VISÃO DE LIDERANÇA

A força, a curiosidade e a determinação de PRIMEIRO entender o que é liderança e depois executar os princípios centrais.

Os 19,5 Princípios de Liderança

Princípios guiam sua vida. Princípios moldam o caráter. Princípios são padrões que o conduzirão a realizações e ao sucesso. E princípios, quando aplicados consistentemente ao longo do tempo, construirão tanto reputação quanto legado.

A seguir estão 19,5 Princípios de Liderança que elevarão suas competências e habilidades de liderança ao nível de legado:

1. Sua filosofia de vida e de liderança determina o processo pelo qual você lidera. Sua filosofia é algo sobre o qual você quer que as pessoas falem em seu funeral. É o que você espera que perdure naqueles que você inspirou. *Qual é sua filosofia de liderança? Você entende que sua filosofia desencadeia uma atitude e guia suas ações e seu legado?*

2. Sua atitude positiva afeta todos ao seu redor. Sua atitude determina muito mais do que sua expressão. Sua atitude determina seu humor, sua eficiência, seu pensamento, sua comunicação, suas ações e seu destino. *Quão positiva é sua atitude?*

3. Sua experiência e histórico de sucesso proporcionam conforto e autoconfiança para tomar decisões e ir em frente. A experiência torna a tomada de decisão menos complexa, e transmite autoconfiança. *Você está usando seus resultados positivos passados para assegurar resultados positivos no presente e no futuro?*

4. Quando você lidera baseado em exemplo, não há nada que seu pessoal não fará por você e com você. Não me diga o que fazer. Mostre-me como é feito. Depois delegue. *Que tipo de exemplo você estabelece no cotidiano?*

5. Sua capacidade de conquistar as pessoas pode afetar a qualidade e a eficácia de sua liderança. Seja ou torne-se alguém de quem as pessoas gostam. Se as pessoas de sua equipe gostarem de você, acreditarem em você e tiverem confiança em você – elas o seguirão. Tudo COMEÇA com a capacidade de conquistar os outros.

6. Uma comunicação clara leva ao entendimento e à ação. Os funcionários prestam muita atenção no que seu líder diz. Mas muitos líderes não são concisos em suas mensagens e nem instigantes em suas apresentações. Os líderes têm a responsabilidade ao seu pessoal de proporcionar mensagens que estimulam a ação. *Quão certo você está de que sua comunicação é clara e instigante?*

7. Responsabilidade não se recebe; se assume. Você é responsável por si e por seu pessoal. IMPORTANTE: O oposto de responsabilidade é responsabilização. Assuma a responsabilidade por suas ações, pelo que delega e especialmente por suas palavras. *Como você assume responsabilidades?*

8. A colaboração conquistará respeito, resultados e reputação. Trabalhar COM seu pessoal irá criar um clima condutivo a realizações. Também irá expandir o pensamento e aprimorar ideias. *A colaboração faz parte do cotidiano de sua responsabilidade de liderança?*

9. Faça o que diz. Cumpra o que promete. Promessas são palavras vazias quando não há ação. É importante ter em mente que você é avaliado por suas palavras e por seus feitos. Seu pessoal o avalia pelo que você concretiza e pelo que cumpre. *Qual é seu escore?*

10. Dedique mais de um minuto para elogiar, orientar, informar e treinar. Não existe algo como gestor instantâneo. A forma como você lidera não deve ser medida pela quantidade de tempo, mas sim pela qualidade do tempo que dedica. Invista tempo em seu pessoal e nas competências deles; a recompensa será anos de sucesso e realizações. *Você gasta ou investe seu tempo?*

11. Conheça a supremacia da vitória e as agruras da derrota. Liderar não diz respeito apenas a ganhar ou perder, diz respeito à experiência adquirida para ir adiante. Celebre as vitórias, fortaleça as lições da derrota – aprenda com ambas e siga em frente.

12. A resiliência é sua força interna para reagir, responder e se recuperar frente a eventos e pessoas. É a faceta menos reconhecida e menos compreendida de um líder completo. Além disso, possivelmente, o elemento mais importante do sucesso de longo prazo. *Você entende o que o torna resiliente?*

13. Coragem para arriscar, estar certo e estar errado. A tolerância ao risco é maior nos líderes porque eles sabem que este faz parte da vitória. Você já ouviu o ditado "Quem não arrisca não petisca". Minha versão é "Quem não arrisca não faz nada!" Pessoas e equipes que "não saem da zona de segurança", quando estão na liderança, geralmente perdem para aqueles que estão dispostos a assumir riscos. *Qual é sua tolerância ao risco?*

14. Separe tarefas de pessoas. Depois as designe e combine para atingir um resultado positivo. Um líder é mais do que uma "pessoa voltada para pessoas." Um líder também deve ser uma pessoa voltada para tarefas. A concretização bem-sucedida de uma tarefa baseia-se na aptidão e na disposição da pessoa para executá-la. A medição do sucesso de uma tarefa é tão importante quanto a medição do sucesso humano. *Você entende a situação? E você reconhece isso como situacional?*

15. Recompense as realizações individuais e de grupo. Celebre a vitória deles. Elogie suas ações e os ajude a desenvolver um profundo senso de orgulho. CUIDADO: Regozije-se com a vitória por um momento, mas não se prolongue demais ou torne isso uma obsessão. *Como seu pessoal avalia sua habilidade de elogiar e recompensá-los?*

16. Você deve ganhar, não exigir, tanto confiança quanto respeito. "Ganhar" é a chave para abrir as portas do sucesso na liderança. E respeito e confiança estão no topo de uma longa lista de características vitais dos valores centrais para todo líder. Você não simplesmente constrói uma reputação, você a ganha. O mesmo serve para lealdade e amizade. É igualmente importante saber que estes atributos não são ganhos num único dia – são ganhos por suas palavras, ações e feitos, dia após dia. *Você ganha ou exige isso?*

17. Estimule o sucesso DELES para conquistar e atingir o seu. Se existe um "segredo escondido" na liderança, ele é a palavra "estímulo". Além de dar ordens, designar tarefas, definir prazos e qualquer outro aspecto da liderança, um "muito bem" ou "o caminho é esse" ou "Você consegue!" proferido com emoção sincera terá mais resultado do que qualquer comando. *Quanto estímulo você dá a seu pessoal diariamente?*

18. Sua habilidade em influenciar as pessoas se manifestará em resultados bem-sucedidos. A influência vem de uma base de autoridade respeitada e de sua habilidade de transferir uma mensagem, conceito, ideia, estratégia ou tarefa de uma maneira atraente e convincente. *Você está medindo a influência em relação ao resultado?*

19. Sua reputação o precede, e o define. A reputação afeta sua habilidade. Construa a sua reputação sempre fazendo a coisa certa e adotando um padrão ético irrepreensível. *Seu pessoal o considera uma pessoa ética?*

19,5 Um legado é construído com realizações únicas sobrepostas. É o resultado de uma vida repleta de sucessos. Construa o seu, e o efeito serão lições perenes para aqueles o seguirem, e uma benção eterna para aqueles que você ama. *Você está ciente de que deixará um legado? Que ações cotidianas você está empreendendo para consiste este legado?*

UFA! Essa é uma lista de princípios e padrões próprios para um ser humano fenomenal! E este ser humano pode ser você.

Comece hoje, lendo, estudando e aplicando as lições e os exemplos das próximas páginas...

O Fator Respeito:
Ganhar *versus* Exigir

A maioria das pessoas espera que, com um título ou uma posição, o respeito virá. E, infelizmente, a maioria das pessoas está errada.

Os membros de sua equipe não respeitam um título enquanto não respeitarem a pessoa. Ou eu deveria dizer que são as características, as ações e as palavras dessa pessoa que farão o respeito acontecer. Ou não.

Como líder, você tem um "caráter". Caráter que é desenvolvido ao longo do tempo a partir de suas experiências, seu conhecimento e sua imagem. O termo francês é "noblesse oblige" – descrito como a maneira como você se comporta; seu autorretrato.

Quando você *ganha* respeito, suas instruções, suas delegações, suas metas e suas estratégias se tornam infinitamente mais fáceis de serem transmitidas e implementadas.

O respeito tem diversos níveis. Você pode respeitar uma pessoa quando está frente a frente com ela, no ambiente profissional ou comercial (que é referido como respeito formal). O nível mais poderoso é o respeito na ausência. (ou respeito genuíno). É o que os outros falam sobre você quando não está presente – como falam e como se referem a você. Como líder, se você tem apenas respeito profissional, não obterá o mesmo desempenho ou o mesmo nível de dedicação de seu pessoal que teria se o respeito deles fosse genuíno.

Ouça o tom e observe a expressão facial das pessoas com quem você interage diariamente. Se não há sorrisos, e se você percebe que não empenham todos os esforços, então tudo o que elas têm por você é respeito formal.

A chave para ganhar respeito não está simplesmente em palavras, feitos e ações; mas em palavras consistentes, feitos consistentes e ações consistentes baseados em integridade, verdade e ética.

Seu pessoal sempre respeitará a função, e o título.

EIS O DESAFIO: eles respeitam a pessoa que os usa – ou eu deveria dizer a pessoa os detém?

O IMPORTANTE A ENTENDER: Se você acha que respeito vem automaticamente com o título, repense.

O IMPORTANTE A FAZER: Estude suas palavras e ações. Elas merecem respeito? Estude sua reputação. Ela merece respeito?

Eles querem ouvir você? Ou eles têm de ouvi-lo?

Todo líder faz reuniões. E seu pessoal vai para essas reuniões com a expectativa de que sairão melhor do que entraram.

Mais informados, mais orientados, mais motivados e mais inspirados.

NOTE BEM: A brevidade e a clareza de sua mensagem é o cerne do que sua audiência espera e deseja. Isso também irá determinar o estado de espírito em que estarão quando saírem, e que ações provavelmente empreenderão ao voltarem para suas mesas ou destinos.

Faço uma pergunta simples para os gerentes e líderes: Seu pessoal quer ouvir você, ou *tem* de ouvir você? Esta não é apenas uma pergunta dura; é também a dura realidade. Como seu pessoal responde a ela?

Para proporcionar uma comunicação eficaz, prática, morável – que seu pessoal quer ouvir – você, o líder, deve dedicar preparação e paixão a sua mensagem. E esta mensagem deve ser clara, compreensível e transferível.

Em minhas palestras, seminários e *workshops* crio o que é conhecido como *conceitos transferíveis*. Um conceito transferível deve ser sua meta em toda reunião que você conduz, em cada e-mail que envia, em cada parágrafo que escreve e em cada ação "baseada em exemplos" que empreende.

Um conceito transferível é definido como aquilo que: cada membro de sua equipe pensa ou diz para si próprio quando você está transmitindo sua mensagem e apresentando ideias novas: "Entendi. Concordo. Acho que posso fazer. Estou disposto a fazer".

Deve existir um conceito transferível em cada ideia que você externa, cada meta que você estabelece, cada conceito que apresenta e cada exemplo que compartilha.

A maioria dos líderes pensa que sua posição de autoridade é suficiente para transmitir mensagens para sua equipe. Eles estão terrível e perigosamente enganados.

Nos últimos 15 anos, já vi mais de 2 mil líderes de empresas fazerem apresentações. Dessas, 95% (e estou sendo generoso com esta porcentagem) foram algo entre ruins e patéticas.

Competências de apresentação, paixão e uma mensagem instigante devem estar combinadas com uma informação compreensível, relevante e prática, ou será inútil – e pior: uma oportunidade de liderar desperdiçada.

As pessoas se reúnem para ouvir o que seu líder tem a dizer, e estão em busca de orientação, instrução e inspiração.

Se cada líder dissesse... "Membros de nossa equipe, obrigada por seu trabalho. Este ano peço a vocês para se concentrarem nestas TRÊS coisas. (Cite as coisas). Se vocês conseguirem concretizá-las com o máximo de sua habilidade, nossa empresa irá prosperar, assim como vocês e suas famílias. Estou agradecendo a vocês antecipadamente por concretizarem este desafio. Por favor, mantenham-se em contato com seus líderes e comigo pessoalmente, para que eu possa me manter em contato com vocês."... *Este líder seria ovacionado por um discurso de três minutos, e ninguém ficaria conversando ou enviando mensagens enquanto isso.*

Alguém fica mandando mensagens enquanto você fala?

O IMPORTANTE A ENTENDER: Quando você perceber que suas ideias devem ser transferíveis, então entenderá imediatamente como são importantes a preparação e a clareza para transmitir sua mensagem. Toda comunicação que você faz deve estar imbuída de suas habilidades de apresentação e sua paixão. E é igualmente importante ter certeza de que o que *você* acredita ser uma ideia transferível também é uma ideia aceitável para sua audiência ou seu pessoal.

O IMPORTANTE A FAZER: Selecione elementos de suas falas e discursos recentes e dos e-mails recentes que você enviou e pergunte-se – ou melhor, desafie a si próprio – sobre a transferabilidade desse conteúdo. Seu pessoal fez o que você pediu para fazerem? Se você estivesse na plateia ou fosse o destinatário da mensagem, teria feito ou estaria resmungando?

Seu pessoal é um reflexo direto de você. Eles observam você. Seguem você. Avaliam você. Eles ouvem você. Se quer que eles se dediquem a você, precisa se dedicar a eles.

— *Jeffrey Gitomer*

FORÇA 2 DE LIDERANÇA MENTAL

A força mental para desempenhar uma liderança com maestria provém da base de seu pensamento filosófico e de sua Atitude YES!

Desenvolvendo uma Atitude de Liderança

Quando pergunto "Como anda sua atitude?", a resposta típica que recebo envolve o "momento". A maioria dos líderes responde algo como "Você quer dizer agora?" ou "Depende do que meu pessoal está fazendo", ou ainda "Ligue-me amanhã que eu te conto".

Essas respostas não são apenas irresponsáveis; são também perigosas. Sua atitude é sua, mas esse tipo de resposta me diz que está na dependência dos outros.

Um dos mistérios ocultos do sucesso, com certeza do sucesso em liderança, é a atitude pessoal do líder. E a forma como essa atitude é desenvolvida determina cada aspecto do sucesso, da reputação e do legado de um líder.

Seu sucesso, sua reputação e seu legado.

Minha primeira pergunta é: Você já fez algum curso sobre atitude?
RESPOSTA: Provavelmente não.

Minha segunda pergunta é: Você já leu algum livro sobre atitude?
RESPOSTA: Provavelmente não.

Minha terceira pergunta é: Qual é a importância da atitude de seu pessoal quando você busca produtividade e realização?
RESPOSTA: Provavelmente é a característica mais importante deles.

Bem, se é a mais importante para seu pessoal, por que não é a mais importante para você? Mais sucintamente, você entende como sua atitude afeta a atitude deles?

Garanto que ao longo de seu exercício na liderança, você contratou pessoas por que tinham excelentes qualificações e logo depois as demitiu por que tinham uma péssima atitude.

REALIDADE: Seu pessoal e suas realizações são um reflexo e um resultado direto de sua atitude.

A atitude é o sustentáculo da boa vontade, da cooperação, da ação, da realização e (é claro) da celebração da vitória.

Dou treinamento em várias grandes empresas, e em cada evento eu insisto que o treinamento de Atitude YES! (atitude positiva) esteja no centro de qualquer programa ou iniciativa que lanço. Atitude PRIMEIRO.

Uma Atitude YES! É parte integral de seu processo de pensamento – e sua atitude é criada por seus pensamentos.

Quando algo maravilhoso lhe acontece, você não grita "POSITIVO!", você grita "YES!" A diferença é sutil, mas totalmente compreensível.

Se o que quer de seu pessoal são atitudes maravilhosas, então é por onde você deve começar seu processo pessoal de liderança maravilhosa.

Dica do Git GRÁTIS... Se você quiser a fórmula para a Atitude YES!, acesse www.gitomer.com e digite as palavras ATTITUDE FORMULA na caixa GitBit.

O IMPORTANTE A ENTENDER: A maioria das empresas JAMAIS promoveu ou ofereceu um curso sobre atitude positiva ou Atitude YES! a seus funcionários. No entanto, quando pergunto a clientes potenciais qual é o elemento mais importante para o sucesso de um funcionário, TODOS respondem "a atitude dele". Entenda que se você não proporcionar treinamento para atitude, seu pessoal nunca atingirá o nível de estímulo que você espera.

O IMPORTANTE A FAZER: Antes de instituir ou implementar o próximo "programa" em sua empresa, implemente o "imperativo" da atitude.

Por Que a Atitude YES! É o Sustentáculo do Sucesso em Liderança, Gestão e no Ambiente de Trabalho

- **OS LÍDERES DEVEM SER CONSISTENTES EM SEU DESEMPENHO.** A Atitude YES! é o alicerce do desempenho consistente.

- **OS LÍDERES DEVEM CRIAR HARMONIA NO AMBIENTE DE TRABALHO.** A Atitude YES! é o alicerce da harmonia no ambiente de trabalho.

- **OS LÍDERES QUEREM QUE O ESTÍMULO SEJA CONSISTENTEMENTE ALTO.** A Atitude YES! é o alicerce do estímulo alto.

- **OS LÍDERES DEVEM CRIAR UM AMBIENTE DE TRABALHO PRODUTIVO.** A Atitude YES! é o alicerce da produtividade individual e em grupo.

- **OS LÍDERES E OS COLABORADORES DEVEM SE COMUNICAR DENTRO E FORA DO AMBIENTE DE TRABALHO.** A Atitude YES! é o alicerce da comunicação positiva.

- **OS LÍDERES E OS COLABORADORES DEVEM RESPONDER A OUTROS DENTRO E FORA DO AMBIENTE DE TRABALHO.** A Atitude YES! é o alicerce da resposta positiva.

A Atitude YES! muda mentes e vidas – no trabalho e em casa. Seu YES! inspira o YES! deles.

– Jeffrey Gitomer

Atitude Interna. Atitude Externa (Este é o verdadeiro 360)

A atitude está no âmago do sucesso – o seu primeiro! Se você é um líder que busca ter sucesso e deixar um legado de realizações e reconhecimento, então talvez você queira começar por algo acima de suas metas e aspirações para revelar a maneira de tornar essas aspirações uma realidade.

Quando você se levanta de manhã, como se sente?

Quando você chega ao trabalho, como se sente?

Quando você cumprimenta os membros de sua equipe, qual é seu tom?

Quando você conduz uma reunião, qual é seu tom?

A seguir estão as perguntas sobre atitude para fazer a si próprio:

- **Como meus sentimentos e tons afetam meu pessoal?**
- **Como meus sentimentos e expressões afetam a atitude de minha equipe?**
- **Como minha atitude afeta a resposta deles para mim, entre eles e para pessoas de fora?**
- **E por fim, como minha atitude, meu humor e meu tom afetam o desempenho deles?**

A resposta para todas essas perguntas é TOTALMENTE!

Se seu humor é azedo e suas palavras são ásperas, o que você poderia esperar das pessoas com quem trabalha?

Se alguma vez você já começou uma reunião dizendo assim: "OK, pessoal, quero ver atitudes melhores aqui!", talvez você devesse prestar mais atenção na causa em vez de no sintoma. O remédio para o

problema é simples. Comece por sua própria atitude.
O que você der, receberá.

Começar seu dia com uma Atitude YES! e comunicar esses sentimentos para os outros não é uma opção; é uma oportunidade. Espero que você esteja aproveitando a oportunidade de seu legado.

O IMPORTANTE A ENTENDER: Você define o tom que seu pessoal irá seguir. Se eles não estiverem felizes, olhe primeiro para si próprio.

O IMPORTANTE A FAZER: Leia meu *Livro de Ouro da Atitude YES!*. DUAS VEZES. (Isso não é propaganda. É minha melhor recomendação para você expor sua atitude para si próprio, que é uma parte crítica do critério 360. Meu livro detalha como entender o que é atitude, como criar um plano de ação para o autoaprimoramento e como alcançar uma Atitude YES! e mantê-la por toda a vida.)

Não É Estímulo; É Atitude.

Pense sobre isso. Se cada pessoa de sua equipe tivesse uma atitude excelente, nunca haveria problema de estímulo.

As principais causas da deterioração do estímulo são:

- Condições ruins do negócio
- Condições ruins do ambiente de trabalho
- Inabilidade de convivência entre as pessoas
- Liderança beligerante
- Comunicação ineficiente
- Falsa comunicação
- Problemas financeiros
- Demissões de funcionários

Muitos líderes examinam esta questão retroativamente. Eles dizem assim: "Temos um problema de estímulo".

O estímulo não é um problema. É um sintoma.

As circunstâncias que causaram a falta de estímulo (combinadas com a atitude de cada indivíduo de sua equipe) é o que precisa ser examinado e solucionado.

PERGUNTA DESAFIADORA: Alguém de sua equipe alguma vez já fez um curso sobre atitude ou recebeu um treinamento formal em atitude positiva ou Atitude YES!?
RESPOSTA: duvido.

PERGUNTA MAIS DESAFIADORA AINDA: (Que já fiz antes) alguma vez VOCÊ já fez um curso sobre atitude?
RESPOSTA: duvido.
Faça um, e ofereça um, para todos, o mais rápido possível.

O IMPORTANTE A ENTENDER: Uma vez que você percebe que a falta de estímulo é um sintoma, pode começar imediatamente a tratar do problema ou problemas. Mas simplesmente solucionar o problema pode não fazer a questão da falta de estímulo desaparecer. Deve haver simultaneamente um treinamento de atitude para que, conforme o problema se dissipe, a atitude de seu pessoal torne-se positiva também.

Dica do ⚡ Git Grátis… Quer ensinar seu pessoal como a atitude está relacionada ao sucesso? Você pode obter um guia simples acessando www. gitomer.com e digitando as palavras ATTITUDE GUIDE na caixa GitBit.

O IMPORTANTE A FAZER: Faça uma retrospectiva e analise quando ocorreu o último episódio de falta de estímulo. Reveja o que causou isso, qual foi a solução encontrada e quanto tempo levou para que todos voltassem à produtividade plena. Pense sobre o quanto mais rápido a solução poderia ter ocorrido com a "injeção" de um curso de atitude para cada membro de sua equipe, inclusive para você.

Desenvolvendo uma Filosofia de Liderança

Quando digo as palavras "filosofia pessoal", no que você pensa? Quando digo as palavras "filosofia de liderança", que outras palavras ou pensamentos lhe vêm à mente?

Você entende que filosofias guiarão sua atitude e suas ações? Você entende que se não tiver uma filosofia talvez não tenha uma compreensão plena da sua vida como um todo? De sua carreira? Suas crenças? Seu propósito? Seus ideais?

SOA FAMILIAR? Você levanta de manhã, vai para o trabalho e começa a trabalhar, mas não sabe por quê.

EIS O SEGREDO: Esse "por que" é sua filosofia!
Meu objetivo é ajudar você a revelar seu "por que" filosófico, uma vez que cada pessoa tem um diferente.

Se você acha que seu porquê é dinheiro, pense novamente. Não é o dinheiro, é o que você fará com ele, ou a quem ajudará com ele. Isso é filosofia. O dinheiro é na realidade é um indicador que ajuda você

a entender que aquilo em que você investe pode ser parte de sua filosofia.

A outra parte é como você a adquire.

Filosofia pessoal não é algo que exige fazer uma faculdade para entender ou desenvolver. Ela contém coisas importantes como "ser o melhor pai" ou "ser a melhor mãe", "liderar com benevolência", "permanecer um estudante" ou "tornar-se um membro comunitário melhor".

Filosofia diz respeito a todas as coisas que você quer alcançar em sua vida e como pretende alcançá-las.

Filosofia NÃO diz respeito às coisas que você precisa alcançar entre cada contracheque.

Filosofia diz respeito a ser o melhor no que faz, porque quando você se torna o melhor, o dinheiro acompanha. Quando seu foco está no cifrão, você desvia a atenção de seu potencial crescimento, desvia a atenção de sua habilidade pessoal de aprimoramento e desvia a atenção de coisas com maior significado para você, seu cônjuge, seus filhos, seus pais e as pessoas de quem gosta, não das coisas que lhe interessam.

Quando você aprender como entender, identificar, construir e desenvolver sua filosofia pessoal, isso será a recompensa de uma vida toda – para toda a vida.

Tenha em mente que, se você tem 30, 40, 50 ou 60 anos de idade e não tem uma filosofia que compreenda ou ainda não articulou uma, eu não posso ajudar a desenvolvê-la em 30 minutos, tampouco você pode. Uma filosofia é desenvolvida lentamente, ao longo do tempo, pouco a pouco, frase por frase, dedicação por dedicação, percepção por percepção. Você a desenvolve conforme amadurece e a refina da mesma maneira – conforme você se torna mais experiente.

Talvez você precise fazer este exercício várias vezes para desenvolver sua filosofia. Mas prometo a você que, quando fizer, seus resultados pessoais não serão só surpreendentes, mas transformar sua vida. Eles lhe proporcionarão a compreensão e a conscientização de onde você estava, onde está e, com empenho, aonde pode chegar. Não é apenas uma ação; é também um processo consistente de pensamento e um processo consistente de convicção que levam a uma ação.

Seu trabalho neste exercício é pensar, entender, escrever e então começar a vivenciar a filosofia que desenvolveu.

NOTE BEM: A maioria das pessoas não identificou sua filosofia. Talvez haja um pensamento ou dois transmitidos ao longo de gerações, mas nada estruturado, nada concreto e, certamente, nada comprometido com a memória.

Você estabelece e revisa os princípios básicos de sua filosofia por exposição à informação, por suas experiências e ouvindo as convicções dos outros – especialmente daqueles que respeita. Você procura aceitar só "as coisas boas" e então adaptá-las para aprimorar ou mudar sua maneira de pensar e viver.

Embora possa acreditar que determina sua própria filosofia, muito dela é predeterminado ou influenciado por seu ambiente familiar durante a infância.

Depois disso, cabe a você buscar influenciadores e mentores que afetarão a maneira como você pensa e cria a motivação que impulsiona suas ações.

Minha filosofia veio de uma combinação de ambiente familiar, livros, educação, mentores, programas de desenvolvimento pessoal, experiência de vida e observações.

Um de meus influenciadores mais respeitados foi o, já falecido, grande Jim Rohn. Ele foi (e continua sendo) considerado por muitos como o

principal filósofo empresarial dos Estados Unidos. Reconhecido como um dos melhores oradores e influenciadores de todos os tempos, Jim desenvolveu princípios e filosofias enquanto crescia numa fazenda em Idaho, assimilando informações e ideais de seu pai, e seu primeiro empregador e mentor.

Algumas pessoas acreditam que sua filosofia e sua habilidade de trabalhar não têm relação. Errado, sua filosofia é o cordão umbilical que fornece a "essência da vida" para sua habilidade de trabalhar.

A seguir está a essência do ciclo de vida de sucesso de Rohn:

"Filosofia impulsiona atitude. Atitude impulsiona ações. Ações impulsionam resultados. Resultados impulsionam estilos de vida."

E aqui está como Rohn o detalhou:

- **Se você não gosta de seu estilo de vida, olhe seus resultados.**
- **Se você não gosta de seus resultados, olhe suas ações.**
- **Se você não gosta de suas ações, olhe sua atitude.**
- **Se você não gosta de sua atitude, olhe sua filosofia.**

Se você acha que não tem uma filosofia pessoal, pense novamente! Você tem uma. Como um livro velho, ela pode estar escondida no sótão de sua mente, empoeirada e intocada. Mas está lá dentro de você... em algum lugar.

Descobrir sua própria filosofia pessoal irá ajudar a construir sua autoconvicção.

Pense sobre o que valoriza na sua vida e em sua carreira. Pense e examine os pilares sobre os quais construiu sua vida.

O que é importante para você? Você sabe? Você deve esta resposta a si e a sua família.

Você pode atribuir sua filosofia a tudo que faz. Como age. Como reage. Como trabalha. Como pensa.

Descobrir e definir sua própria filosofia de liderança o ajudará a construir seu caráter, sua resiliência, determinação e autoconfiança para liderar, influenciar e inspirar os outros.

A seguir estão algumas palavras abrangentes para fazer você pensar tanto no nível pessoal como de liderança: Ajudar os outros, liderar por exemplo, ser leal a mim mesmo e a minha família, oferecer apoio sem ser uma muleta, ter relacionamentos sólidos, valor, amizade, qualidade, humor, saúde, fé, ser responsável, educar, aprender coisas novas e divertir-se.

PENSE SOBRE ISTO: Aprender *novas* respostas diz respeito a se expor a *novas* informações, e você pode estar se desafiando a documentar sua filosofia pela primeira vez.

Começa com uma filosofia e atitude de aceitação, não importa em que posição você esteja. Isso se traduz em empreender ações leais primeiro para si próprio e depois para os outros. A única maneira de obter as respostas filosóficas que deseja é aprendendo a se revelar para você mesmo. Portanto, eu desafio você a encontrar sua própria filosofia pessoal e sua própria filosofia de liderança. É hora de começar a elaborar.

Eis minha filosofia pessoal e de liderança: *valorizo primeiro. Ajudo os outros. Esforço-me para ser o melhor no que amo fazer. Estabeleço relacionamentos de longo prazo com todo mundo. Divirto-me e faço isso todos os dias. Descobri um segredo: se você AMA o que faz, todos os dias são iguais. São feriados! E desejo o mesmo a você.*

O IMPORTANTE A ENTENDER: Não se trata apenas de ter uma filosofia, e sim vivenciar sua filosofia diariamente!

O IMPORTANTE A FAZER: Escreva três coisas que definem e englobam a maneira como você pensa sobre seus objetivos de vida.

FORÇA 3

DE LIDERANÇA RESILIENTE

Na base de sua liderança está a essência de sua força de resiliência. Ela é sua força interior para assumir, sua força mental para reagir, sua força exterior para responder e toda sua força para se recuperar.

O LÍDER RESILIENTE: Você É a Essência de suas Reações, de suas Respostas, de sua Recuperação e de sua Reputação.

Meu post no Twitter hoje dizia: "A resiliência não começa com experiência – COMEÇA com atitude. Sua atitude".

Recebi mais de 100 retuites.

Evidentemente, as pessoas entenderam o que eu estava dizendo e decidiram contar para os outros. Mas, como o Twitter só permite 140 caracteres, quis me aprofundar no tópico da resiliência porque tem um significado muito mais profundo do que eu poderia oferecer num tuite.

IMAGINE ISTO: Seu funcionário diz: "Não consigo terminar o projeto hoje. Preciso de mais uma semana".

IMAGINE ISTO: Você tem apenas mais um cliente potencial de peso para fechar este mês e se eles não comprarem você não atingirá sua quota. Eles ligam e dizem: "Decidimos comprar de seu concorrente".

IMAGINE ISTO: Seu melhor funcionário pede demissão e vai trabalhar para o concorrente.

IMAGINE ISTO: Seu computador quebra e você não tem certeza de quando foi a última vez que fez *backup*.

IMAGINE ISTO: Você recebe um e-mail de seu chefe dizendo que eles revisaram o plano de remuneração e, a não ser que produza 20% mais, você receberá 20% menos.

IMAGINE ISTO: Você finalmente consegue agendar uma visita com o melhor cliente que já teve. Ele concorda em receber você por uma hora. Você chega e o tomador de decisões não aparece.

Essas são situações reais que, como líder, você já experimentou. E é importante notar que todos esses desafios testam sua força mental.

RESILIÊNCIA é como você reage, responde e se recupera nessas situações, e começa com sua própria força de atitude. Se você se desencoraja facilmente, sua autoconfiança está baixa, está sem autoestima, ou sua autoimagem é duvidosa – cada uma das circunstâncias que vimos são consideradas como um desastre.

Seu nível de resiliência (numa escala de 1 a 100) está abaixo de 10. E o terreno entre 10 e 100 é onde sua experiência e conhecimento devem entrar em ação.

A atitude resiliente desafia seu processo de pensamento a passar de uma resposta negativa "Pobre de mim", para respostas mais positivas como "Consigo resolver isto" e "Consigo superar isto".

Ela faz você pensar "Acabo de ter algumas ideias que vão me ajudar" e "Essas são algumas coisas que estou disposto a fazer para melhorar a situação" e, mais importante, "Não vou deixar que esses eventos ou circunstâncias me deprimam ou me façam pensar que sou inútil. Pelo contrário, vou usar isso como motivação para fazer melhor".

E tenha em mente, isso é apenas a *reação* da resiliência.

Uma vez que você processou cada uma dessas circunstâncias e reagiu a elas mentalmente, então é hora de responder a elas. Sua resposta é uma combinação de sua atitude e de sua experiência passada. Sua resposta é sua força interior se manifestando em palavras e atos.

A maioria das pessoas (líderes, inclusive) não entende que a resposta é desencadeada pelo pensamento. Se você usa o termo "resposta automática", isso normalmente significa responder sem pensar, especialmente em situações negativas.

Toda pessoa já deu uma resposta vazia. Algo do tipo "Estou fazendo o melhor que posso" ou "Só estou fazendo o que mandaram" ou uma resposta do tipo *desculpa* em vez de *assumir a responsabilidade.*

Qualquer um pode inventar uma desculpa.

É preciso ser uma pessoa com caráter para achar um jeito de responder, manter controle sobre as emoções e improvisar rapidamente.

É preciso ser uma pessoa com caráter para se sair com algo construtivo em vez de autodestrutivo, algo como estar na ofensiva ao invés de ofender e algo que afirma o que poderia acontecer ao invés de reafirmar o que acabou de acontecer.

E tenha em mente, isso é apenas a *resposta* da resiliência.

Agora é hora de sua resiliência de fato brilhar. Você reagiu de maneira positiva, respondeu de maneira construtiva e agora precisa se *recuperar* pessoalmente – não apenas em relação às pessoas envolvidas, mas também pensando cuidadosamente sobre quem você é, e aprendendo a lição de como isso ajudará você a construir sua pessoa e sua personalidade, em vez de buscar alguém a quem culpar, ficar na defensiva ou arrumar alguma desculpa esfarrapada – nunca assumindo a responsabilidade por *seus atos*.

A recuperação prepara o terreno para a próxima reação.

Recuperações seguidas criam as fundações de sua resiliência. Recuperações positivas seguidas criam fundações de cimento e concreto reforçado com aço. Cada recuperação é mais um bloco das fundações de sua experiência.

Você constrói sua importância, sua autoestima, sua autoconfiança, seu respeito próprio e faz tudo isso com sua força interior combinada com sua força mental.

Você pode chamar isso de determinação ou pode chamar de coragem, mas desafio você a pensar nisso como resiliência, porque imprevistos vão acontecer para você e seu pessoal mais do que uma vez.

Resiliência não é o que acontece com você. É como *reage, responde e se recupera* do que lhe acontece.

Então mostrei para você os elementos da resiliência: reagir, responder e recuperar. Agora vou acrescentar meio elemento a esta lista de três. *Integridade*.

Toda vez que surge uma oportunidade, toda vez que seu caráter ou sua atitude é desafiado e você reage, responde e se recupera de maneira positiva, você constrói integridade pessoal para o que você é e para o que busca se tornar.

Você nunca precisa falar sobre isso. Alguns enxergarão isso e testemunharão esta força dentro de você. Outros falarão sobre você de maneira positiva, outros irão admirar você em silêncio ou verbalmente e outros buscarão seguir sua maneira exemplar.

O IMPORTANTE A ENTENDER: Resiliência é a verdadeira maneira de avaliar um líder. É sua ousadia, sua determinação, sua coragem, sua força interior e sua habilidade de se recuperar quando alguém ou algo o derruba.

Pergunte-se:

- **Como é minha avaliação?**
- **Como eu "encaro isso"?**
- **Como respondo frente a uma mudança iminente ou quando os planos dão errado?**
- **Como respondo quando me fazem perguntas ou me desafiam?**
- **Como lido com emergências?**

O IMPORTANTE A FAZER: (nota pessoal) Confesso que minha resiliência é desafiada diariamente – não só como líder, não só como homem de negócios, mas também como pai, avô e amigo. A resiliência não tem limites. Mas toda vez que surge uma oportunidade de aumentar a minha, eu a considero bem-vinda, juntamente com todas as lições que a acompanham. Espero que você faça o mesmo.

EIS SUA OPORTUNIDADE DE SE TORNAR UM LÍDER RESILIENTE (OU MAIS RESILIENTE): A Buy Gitomer e a TrainOne fizeram uma parceria com o Centro de Estudos sobre Liderança e agora estão oferecendo um curso sobre *Liderança Resiliente.* Este programa dinâmico irá testar suas forças, expor suas vulnerabilidades e reforçar sua resiliência como líder e como pessoa.

O Que Posso Fazer para Vencer o Estresse? O Que Posso Fazer para Vencer a Preocupação?

Estes são tempos inquietantes e estressantes. Guerras, ameaças, segurança, demissões, cortes, economia desacelerada, menor atividade comercial, muitas dúvidas e muito mais incertezas. A sociedade americana corre perigo pela primeira vez desde a Segunda Guerra Mundial e as pessoas se sentem ameaçadas em seu país como jamais antes.

Muitos estudos mostraram que mais da metade dos Estados Unidos experimentou um nível maior de preocupação e estresse desde os atentados de 11 de setembro.

Tenho usado o tema "Faça vendas, não faça guerra", para enfatizar o fato de que você precisa mudar de atividade e de intensidade para vencer qualquer bloqueio mental que esteja no caminho da realização. Especialmente nestes tempos.

Desafiei meus leitores a se tornarem guerreiros de vendas – a se tornarem mais intensos em obter as vendas que merecem, mesmo havendo menos vendas disponíveis.

Como líder, seu estresse e sua preocupação podem se intensificar porque você precisa cuidar de si próprio e de sua equipe.

Esse é mais um motivo para você mitigar seus sentimentos negativos de estresse concentrando-se nas ações positivas que podem aliviá-los.

Antes de se livrar de sua preocupação você deve identificar a causa. A verdadeira causa de sua preocupação pode surpreendê-lo.

A seguir veja o que é **IMPORTANTE FAZER** para vencer a preocupação:

Identificar. A preocupação é um sintoma, não um problema. Procure a causa. Examine os aspectos de sua vida que causam ansiedade. Quais são os outros pontos de estresse? LISTE TODAS AS SUAS CAUSAS. Se você tentar conectar cinco ou seis coisas numa única tomada, com certeza vai causar um curto. O mesmo acontece com você. Se identificar as causas, é possível desconectar algumas tirando-as de sua rotina diária.

Planejar. Uma vez que você identificou a área que causa preocupação, transforme a preocupação em um plano de ação para o sucesso. Escreva um plano separado para cada preocupação. Crie maneiras de ver a preocupação sob outro ângulo, adote uma nova (e melhor) atitude em relação a ela ou simplesmente procure evitá-la. Não tenha medo ou vergonha de pedir ajuda aos outros. As pessoas ficarão felizes em ajudar você (e ao mesmo tempo ajudarão a si próprias).

Ler. Isso ajuda a dar a sua mente SUA ESCOLHA de informação. Ler proporciona um descanso mental ou um estímulo mental. Ler força você a DESLIGAR a TV. O MELHOR livro sobre estresse e preocupação foi escrito 50 anos atrás. É o livro de Dale Carnegie *Como Parar de Se Preocupar e Começar a Viver.* Você já leu? Compre. Leia.

Suar. Correr. Malhar. O exercício físico seguido de relaxamento irá clarear sua mente para que você possa refocá-la. Ideias positivas e pensamentos inovadores simplesmente surgirão. Eu prometo. Relaxe. Caminhe. Uma caminhada de dois quarteirões limpa a cabeça, e as soluções aparecem. Clareie sua mente com ar fresco e exercícios.

Agir. Não aja pela preocupação, aja CONTRA a preocupação criando uma reação positiva a ela. Tenho uma escultura na minha estante de livros desde 1959. É um busto de cerâmica de Alfred E. Newman da *Revista MAD,* sorrindo com um dente da frente faltando. Inscrita na estátua está sua famosa (e única) citação: "O quê? Eu preocupado?". Isso tem sido minha crença de longa data, mas é também um dos segredos mais profundos e obscuros do sucesso (ou causa de fracasso). Não há nada com o que se preocupar. Você não está doente; só está mal preparado. Você tem a cura total dentro de si. TRABALHE MAIS DURO. Concentre-se na ação (solução) que lhe trará uma recompensa (pessoal ou monetária) e a preocupação desaparecerá automaticamente.

Sorrir. É contagioso. Estabelece bom humor externamente e internamente. Se você fizer isso todos os dias, por 30 dias, se tornará um hábito.

UMA TÁTICA DE SUCESSO: Depois de agir você precisa ainda "se livrar da preocupação" mentalmente. O segredo é simples. Livre-se sorrindo. Seu sorriso tem o poder de tornar algo negativo em positivo e eliminá-lo de seu sistema.

É importante perceber que estresse e preocupação não são falhas de ninguém. Você os trás consigo.

Só existe uma coisa que, certamente, você pode conseguir com estresse e preocupação. Um ataque do coração. A alternativa é muito melhor e muito mais divertida – você pode atacar proativamente suas preocupações e criar um ambiente positivo para colher os benefícios.

Dica do Git GRÁTIS... Se quiser uma visão sobre as coisas que podem estar aumentando suas preocupações sem que você perceba e dicas de como aliviar o estresse e a preocupação, acesse www.gitomer.com e digite as palavras WORRY FREE na caixa GitBit.

Resiliência não começa com experiência, COMEÇA com atitude.
O mesmo serve para a liderança.

– Jeffrey Gitomer

Resiliência É...

RESILIÊNCIA É FORÇA INTERIOR

Sua habilidade de aceitar o que foi feito ou o que foi dito de maneira que desafia sua determinação e seu caráter, mas não os abala. Não é simplesmente encarar isso, mas também processar de uma forma que reflita sua verdadeira habilidade de liderança e que prepara você para reagir e responder.

RESILIÊNCIA É OFERECER RESPOSTAS SIMPLES E COMPREENSÍVEIS PARA PROBLEMAS COMPLEXOS

Frequentemente, sua resiliência é desafiada pela complexidade de um problema. Especialmente se sua resposta ou decisão precisa ser urgente. Sua responsabilidade como líder resiliente é garantir que suas respostas sejam tanto compreensíveis quanto praticáveis. Se esses dois elementos não estiverem presentes, o problema ou a situação será exacerbada em vez de resolvido.

RESILIÊNCIA É RESPONDER COM MAIS PERGUNTAS EM VEZ DE RESPOSTAS

Quando os líderes respondem imediatamente com afirmações, geralmente não têm a compreensão total da situação. Fazer perguntas adicionais e responder com mais perguntas cria uma solução colaborativa em vez de ditatorial. Um aspecto importante da resiliência é sua vulnerabilidade *positiva* a aceitar as respostas e ideias de todos.

RESILIÊNCIA É ATITUDE ANTES DE LIDERANÇA

Se seu humor não é otimista, se seu humor não é positivo, então a probabilidade de suas reações e respostas serem recebidas positivamente, e praticadas, é menor. E isso pode até significar fracasso no curto prazo. A atitude é tão importante para a resiliência que sua ausência desafia a essência do processo. Você pode ter força, pode ter determinação, você pode ter confiança e experiência, mas essas características devem estar combinadas com sua Atitude YES! para criar uma verdadeira resposta, uma verdadeira produtividade, um verdadeiro ânimo e um verdadeiro resultado – também conhecido como *verdadeira resiliência*.

RESILIÊNCIA É RESPONDER E SE RECUPERAR DE UMA MANEIRA QUE LEVE A UM RESULTADO POSITIVO

Liderança combina processo com resultado. A liderança resiliente combina um processo positivo com um resultado positivo.

SUA RESILIÊNCIA É VISTA E MEDIDA PELOS OUTROS

A liderança resiliente se manifesta através dos comentários dos outros e de sua reputação. É importante que você, como líder resiliente, tenha força de caráter suficiente para receber esses comentários, este *feedback*, de uma maneira que crie novas oportunidades de aprendizagem e crescimento. Isso é essencialmente verdadeiro entre líderes com mais de 10 anos de experiência. Resiliência também significa que você é capaz de aceitar, aprender e crescer a partir dos impactos e dos resultados medidos. Para o líder resiliente, o crescimento contínuo não é uma opção.

FORÇA

4

DE LIDERANÇA EM REALIDADE

A força para entender, aplicar, tornar-se proficiente e dominar os aspectos fundamentais da liderança é a realidade do que você precisa fazer para torná-la SUA realidade.

As 9,5 Falhas Trágicas dos Líderes

Todo líder falha. Inclusive você e eu. Um líder de sucesso é capaz de reconhecer suas falhas e minimizá-las.

1. **SER UM LÍDER INTIMIDADOR.** Existe uma grande diferença entre humilhar as pessoas ladrando ordens e ganhar a cooperação. A maneira como você designa tarefas e responsabilidades irá determinar o entusiasmo com que as pessoas irão desempenhar e cumpri-las. A intimidação também cria desânimo e às vezes ressentimento, tanto declarado como não declarado. Você não precisa ser indulgente o tempo todo, mas deve conseguir o que quer sem humilhar os outros. Existe uma relação direta entre a maneira como as pessoas são tratadas e sua produtividade. O medo não é um motivador. O encorajamento sim. Todos os líderes intimidadores acabam fracassando e caindo.

2. **SER INACESSÍVEL.** Todo líder tem uma cara. E quanto mais mostrar a cara, mais contato terá com o que está acontecendo, e mais seu pessoal verá você como alguém acessível. Todos querem questionar o líder, reportar ao líder e mostrar seus sucessos. Querem também ter certeza de que tudo vai bem e continuará bem. A acessibilidade também aumenta a produtividade porque você está lá para oferecer respostas e manter tudo andando.

3. **RESPONDER OU DECIDIR DEVAGAR.** Com o advento do e-mail e dos torpedos, qualquer um de seu pessoal pode alcançá-lo em instantes. E (não surpreendentemente) esperam uma resposta na mesma velocidade. Às vezes a resposta é simples, mas muitas vezes requer uma decisão ou uma orientação. Já ouvi muitas pessoas dizendo: "Meu chefe decide muito devagar" ou "não consigo ter uma decisão dele". Sua liderança requer capacidade de decisão e velocidade – assim como sua produtividade e lucratividade. Sua responsividade (ou a falta dela) também dá o tom da urgência deles.

4. **REPREENDER EM PÚBLICO.** Esta regra da liderança é tão antiga que quase sinto vergonha de escrever sobre isso. Mas preciso porque esta ainda é uma das regras mais violadas da liderança. Se você tiver de repreender alguém, se tiver de ralhar com alguém ou se tiver de dizer que a pessoa fez algo errado, não faça isso em público. Isso faz com que a pessoa mantenha a dignidade, se recomponha e volte ao trabalho. A perda da dignidade deles é sua perda de integridade.

5. **NÃO MANTER PROMESSAS (OU QUEBRÁ-LAS).** Seu pessoal dá muito valor as suas palavras. Muitos deles têm mais memória do que elefantes. O que pode parecer uma promessa sem importância para você pode ser muito importante para eles. Sua responsabilidade é registrar ou gravar (de alguma maneira) toda promessa que fizer para cada pessoa de sua equipe para que você seja visto como alguém que mantém a palavra, e faz o que disse que iria fazer.

6. **NÃO DIZER A VERDADE.** Verdade gera verdade; a falta dela corrói a verdade. É fácil definir verdade: quando você diz a verdade, nunca precisa se lembrar do que disse.

7. **TER FAVORITOS.** Aprendi sobre tratamento com igualdade em 1972 quando minhas gêmeas, Stacey e Erika, nasceram. Uma nunca podia ser favorecida em relação à outra. Certamente, você como líder vai gostar mais de algumas pessoas do que de outras. Certamente, vai favorecer algumas pessoas com melhor desempenho do que outras. Mas não pode fazer isso ao ponto de criar ressentimento ou perda de ânimo. Encontre maneiras de recompensar todos em sua equipe de alguma forma. Reconheço plenamente que o mundo não é igual. Em 1939, George Orwell escreveu "Todos os animais são iguais, mas alguns animais são mais iguais do que outros". Sua função como líder é garantir que todas as pessoas se sintam compreendidas, e grande parte disso vem de sua habilidade de comunicar esta mensagem para elas.

8. **TER HUMOR INCONSTANTE.** Se você está em busca de consistência e realização com seu pessoal, então seu humor – para fazer isso acontecer – também deve ser consistente. Se seu pessoal fica imaginando: "Será que ele está de bom humor hoje?", algo está terrivelmente errado. Seu humor define o tom deles.

9. ESTAR DESATUALIZADO TECNOLOGICAMENTE. Muitos líderes não estão tão atualizados com o mundo atual como poderiam ou deveriam. Sendo um líder de 65 anos, estou constantemente aprimorando minhas competências e minha tecnologia para estar tão atualizado quanto, ou mais, do que meu pessoal. Dominar o uso da Internet, estar presente nas redes sociais e enviar mensagens de texto não são mais uma opção. Mas muitos líderes desconhecem esses recursos. Não se trata de estar atualizado com as notícias ou com o que passa na TV; trata-se de estar atualizado e em contato com tudo sobre sua empresa, seu setor, seu pessoal e consigo mesmo.

9,5 DESIGNAR A TAREFA ERRADA PARA A PESSOA ERRADA. Encaixar um quadrado num buraco redondo é a maneira mais fácil de definir a ação de designar a tarefa errada para pessoa errada. Com frequência você designará uma tarefa importante para seu melhor funcionário quando na verdade esta pode ser a pessoa errada para desempenhá--la. Ela pode até ficar ressentida de que você tenha lhe designado essa tarefa. A chave é colaboração. Faça uma reunião com seu pessoal para discutir abertamente sobre quem deve receber qual tarefa. Você não só conhecerá a habilidade de cada um, como também ganhará o respeito deles por envolvê-los no processo de tomada de decisão.

QUAIS SÃO SUAS FALHAS? Documente suas falhas de modo positivo. Ou melhor, identifique como corrigi-las.

Trabalhe em harmonia com seu pessoal. Seja acessível. Responda diretamente. Repreenda em particular. Mantenha promessas, seja sincero. Trate todos igualmente. Tenha um humor positivo (consistente).

O IMPORTANTE A ENTENDER: o líder realista, o líder resiliente, irá lidar com suas falhas de forma diferente que os líderes comuns. O líder comum lerá esta lista e continuará em frente. O líder incomum (o resiliente) tentará transformar uma falha em uma força, criando um plano de ação para maior autodisciplina.

O IMPORTANTE A FAZER: Em um papel, enumere as soluções para suas falhas. Coloque-o em sua carteira – perto de seu dinheiro – para que toda vez que estiver gastando dinheiro você pense sobre o que precisa fazer para investir em si próprio.

Por Que Você Não Consegue Atingir as Metas Que Definiu? Por Que Seu Pessoal Também Não Consegue?

Você tem metas?

Milhões de palavras já foram escritas sobre metas (eu já escrevi milhares delas), e 99% dessas palavras focam em "como" definir e atingi-las de uma maneira ou de outra. Livros, artigos, vídeos, seminários, cursos on-line e aulas presenciais.

Todo mundo define metas. Algumas pessoas definem metas sozinhas; outras têm alguém que define para elas (metas de vendas, planos de vendas, quotas de vendas). Algumas pessoas fazem planos de ação elaborados para atingir metas; outras as escrevem em sua agenda de tarefas diárias e outras ainda simplesmente recortam uma figura de uma revista que ilustra algo que gostariam de ter (carro, barco, casa, férias).

Eu? Eu colo minhas metas de aprimoramento e realização no espelho do banheiro. Bem à vista.

Muitos líderes de seminários e palestrantes motivacionais obsoletos afirmam que "menos de 4% das pessoas definem metas". Bobagem.

Todo mundo tem uma ou mais metas. Se você está procurando uma categoria que se enquadra nestes 4%, são as pessoas que de fato *atingem* as metas que definiram.

Já definiu alguma meta que não conseguiu atingir? Já parou no meio de uma meta? Já voltou atrás em alguma? Já deixou de atingir sua meta de vendas? É claro que já. Já aconteceu com todo o mundo. Quer saber por quê?

Conheça Ali Edwards. E meu maior AHA! pessoal sobre metas. Ela tem a resposta.

Em seu site www.aliedwards.com, Ali Edwards pergunta a seus leitores (eu entre eles) "Quais são suas *intenções*?". Você se surpreenderá!

Metas e intenções estão vinculadas. As intenções na verdade superam a definição de metas. Se você não tem intenção provavelmente não atingirá a meta que definiu. Que conceito simples e poderoso! E que verdade!

Ali Edwards simplesmente pergunta: "Quais são suas intenções? O que você tem intenção de fazer?". E o resto das ações para atingir essas intenções se seguirão.

Metas ou intenções – quais são mais poderosas?

Você pode ter uma meta sua ou pode ter recebido uma meta de alguém, mas quaisquer que sejam suas intenções elas ditarão o resultado do esforço para atingi-la, ou a falta dele.

O que você tem intenção de fazer?
Como você inspira ou influencia seu pessoal a ter intenção?

Pense sobre estas perguntas:

> **O que você quer fazer?**
>
> **O que você precisa fazer?**
>
> **O que você tem que fazer?**
>
> **O que você acredita que é capaz de fazer?**
>
> **O que você ama fazer?**
>
> **O quanto você ama o que faz?**
>
> **O quanto você detesta o que faz?**
>
> **Agora, talvez você possa responder melhor, o que você tem intenção de fazer?**

O que você tem intenção de fazer são pensamentos por trás de suas ações. Intenções são a justificativa por trás de suas palavras e feitos. Se você tem a intenção de manipular, suas palavras e feitos corresponderão a isso. Se suas intenções são puras, suas palavras, feitos e ações serão puras. Se você tem a intenção de atingir suas metas, ou uma meta específica, suas palavras e feitos corresponderão a isso.

PERSPECTIVA IMPORTANTE DE LIDERANÇA: eu acredito que o amor e as intenções têm uma ligação mais intensa do que o medo e as intenções ou a ganância e as intenções. Existe um antigo ditado que diz: "A estrada para o inferno está cheia de boas intenções". Pergunto-me o quanto isso é verdadeiro. Eu acredito no contrário.

Existem tipos de intenções. As mais fáceis de definir são "boas" e "ruins". Ter intenção de fazer a coisa certa ou ter a intenção de fazer a coisa errada. Às vezes, sua intenção de fazer a coisa errada é justificada pela maneira como você se sente. Você acredita que alguém "merece" o que você vai fazer. Eu acredito que esta é a intenção do "inferno".

Existe também a intenção de não fazer nada. Fique longe dela. Ela prejudica sua posição e sua reputação como líder que realiza as coisas.

Grandes líderes têm a intenção de fazer o que é melhor para a situação em questão e o que é melhor para o interesse de longo prazo de todos – sua empresa, seu pessoal e você. E esta é a MELHOR intenção de todas.

O IMPORTANTE A ENTENDER: Quaisquer que sejam suas intenções, elas formam a base de suas ações, as fundações para atingir suas metas, a manifestação de seus desejos e em última análise a realização de seus sonhos. Simplificando, o que você tem intenção de fazer é o que você de fato faz. Metas, no entanto, têm tudo a ver com suas intenções.

O IMPORTANTE A FAZER: Anote suas intenções ANTES de escrever suas metas. Comece cada frase com "Tenho a intenção de..." ou até ainda mais audacioso "Até o final da semana eu tenho a intenção de...". Temporizar suas intenções as tornam muito mais reais. Uma maneira fácil de deixar suas intenções claras é categorizá-las. Organize as categorias – e então escreva as palavras para defini-las. Uma única palavra para a categoria e frases para definir suas intenções. Categorias como pessoal, líder, trabalho, carreira, estudar, ler, negócios, vida, família, dinheiro, diversão, viagem e paixão. Você entendeu a ideia.

Gerencie a si Próprio... Lidere os Outros

Existem duas concepções errôneas universais, desastrosas, entre os maus gerentes:

1. **Eles acreditam que estão fazendo um excelente trabalho.**
2. **Eles não se consideram líderes.**

Muitos gerentes ascendem por um desempenho superior e são feitos gerentes/líderes sem qualquer (ou um mínimo) treinamento.

A maioria desses "gerentes" prejudicará sua empresa em dobro. Uma vez, porque não estão preparados para a função e mais uma vez porque deixarão sua posição de estrelato anterior criando um vácuo de produtividade.

A seguir estão alguns desafios de liderança para você ponderar:

- **Você é um líder ou um gerente?**
- **Os líderes são natos ou criados?**
- **Você está cansado de ser gerente?**
- **Qual é sua abordagem de liderança?**
- **Quais são as competências de liderança que você precisa desenvolver?**

A maioria dos gerentes não entende a diferença entre gerenciar e liderar.

A seguir estão alguns axiomas a adotar:

1. **Ninguém quer ser gerenciado, mas todos querem ser liderados.**

2. **Não existem gerentes de classe mundial – apenas líderes de classe mundial.**

Se você insiste em gerenciar alguém, gerencie a si próprio!

Quer ser um líder melhor? Eis o que é preciso:

- **MANTENHA UMA ATITUDE POSITIVA.** Voltada para a solução. Voltada para a ação. Voltada para pessoas. Seu entusiasmo gera sucesso.

- **ABRACE A MUDANÇA.** A mudança é inevitável. Seguidores tendem a resistir a mudanças. É marca de um líder abraçar mudanças e tirar proveito das oportunidades que ela oferece.

- **DISSEMINE A CORAGEM.** Douglas MacArthur disse: "A coragem nada mais é do que o medo que perdura um pouco mais". Bom conselho. George Patton disse: "Não sigo conselho dos meus medos". Outro bom conselho. Líderes escolhem a coragem.

- **ASSUMA UM RISCO.** O maior risco é nunca assumir um. Os líderes são determinados a vencer ou tentar novamente.

- **COMUNIQUE-SE.** Os líderes dão o exemplo de uma comunicação aberta. Use a cabeça. Diga o que sente. Fale com sinceridade.

- **OUÇA.** Os líderes ouvem para aprender. Os líderes ouvem para entender. Sua equipe tem necessidades – simplesmente ouça. Seus clientes conhecem as necessidades que têm e sabem o que está acontecendo na linha de frente de suas empresas, então – simplesmente ouça.

- **DELEGUE E CAPACITE.** Líderes compartilham responsabilidades. Eles não ditam, apenas definem exemplos para os outros seguirem. Líderes estimulam o crescimento das pessoas desafiando-as a assumir novas responsabilidades, encorajando-as a ter sucesso apoiando-as quando fracassam. Líderes entendem que erros são lições no caminho do sucesso.

- **ENTENDA OS OUTROS, A SI PRÓPRIO E SUA SITUAÇÃO.** Líderes entendem a importância de uma mente aberta, curiosa.

Uma busca constante por conhecimento traz um maior entendimento. Entenda a si próprio primeiro.

- **COMPROMETIMENTO.** O comprometimento é o catalisador que torna todas as outras qualidades da liderança uma realidade. A dedicação diária ao comprometimento é a diferença entre líderes e candidatos a líder.

Aprende-se melhor a liderar avaliando, entendendo primeiro e DEPOIS fazendo. Comece devagar. Lidere um grupo ou um comitê. Faça o que for necessário para atingir o sucesso. Repita até que isso se torne natural. Respeite o poder da liderança e o poder das pessoas que deseja liderar. Não tente subjugá-las, apenas as influencie e oriente.

A liderança positiva no trabalho irá ditar felicidade e sucesso.

Há também o lado mundano, mas importante, da liderança – essas tarefas e atributos estão associados principalmente aos "gerentes", mas também devem ser dominados por grandes líderes.

A seguir estão 6,5 obrigações diárias que você deve aperfeiçoar para ser um líder eficaz:

1. **Administrar.** Definir políticas, lidar com relatórios, assegurar que o fluxo da papelada (da entrada de pedidos ao pagamento de comissões) esteja livre de erros. Coordenar o processo de venda, entrega e atendimento. *Tática: Delegue o que não consegue fazer.*

2. **Recrutar.** Encontrar (e atrair) pessoas mais qualificadas para trabalhar em sua empresa. *Tática: Estabeleça e mantenha um ambiente de trabalho dinâmico, voltado para o crescimento, assim você transforma trabalhar para sua empresa em um benefício.*

3. **Contratar.** Determinar através de perguntas, respostas e instinto quem é um excelente candidato, e tem grande probabilidade de sucesso, para função. Quando uma pessoa é selecionada, uma parte integral do processo de contratação é explicar

detalhadamente quais são as expectativas da função, definir e concordar sobre metas (um termo mais sutil para quotas) e assumir e obter o comprometimento com um desempenho específico. A melhor maneira de fazer isso é preparar um documento de comprometimento enumerando o que a empresa fará e o que a pessoa fará. Seja específico quanto às metas a serem atingidas. Faça com que ambas as partes assinem o documento. Ele deve ser revisado a cada avaliação de desempenho. *Tática: Contrate pessoas felizes. Contrate águias.*

4. **Treinar.** Se você quer vencer, vencer, vencer, é melhor treinar, treinar, treinar. Os gerentes devem conduzir reuniões semanais de treinamento, realizar sessões de treinamento com os funcionários durante o trabalho, participar de todos os seminários possíveis, ouvir CDs de administração e liderança no carro todos os dias e ler seis livros por ano sobre administração, atitude de liderança e desenvolvimento pessoal. *Tática: Não dê apenas treinamento. Faça também.* (Nota do mundo real: *Um mau desempenho não é culpa do gerente ou do líder. É culpa do presidente da empresa por não proporcionar um treinamento adequado ou por não selecionar a pessoa adequada para a função, ou ambos.*)

5. **Motivar e Inspirar.** Se você quer sucesso, deve criar um clima em que o sucesso pode ocorrer. Isso significa que deve existir um clima de atitude positiva contínua (minuto a minuto). Significa reconhecer e recompensar um desempenho excelente. Os líderes criam este clima. Que tipo de clima, reconhecimento e atitude vêm de você como gerente ou líder? Se esse clima não existe, ou se um gerente está usando seu quinhão de poder para mostrar "quem é o chefe aqui", garanto que três coisas vão acontecer: (1) haverá uma grande rotatividade de pessoas; (2) o gerente vai culpar a todos menos a si próprio e (3) o gerente acabará sendo merecidamente "decapitado" após gerar incontáveis prejuízos. *Tática: Alcance e mantenha uma atitude positiva 24 horas por dia, sete dias por semana. Estimule os outros a cada oportunidade.*

6. **Competências de liderança.** Gerentes e (treinadores) que não lideram todos os dias perdem o contato com a realidade. Como você pode

liderar seu pessoal se não sabe quais são as necessidades atuais do cliente? Dever existir um padrão regular de trabalho COM seu pessoal. A regra é simples: se você não estiver liderando e aprendendo, não pode ser um líder. *Tática: Seja um líder melhor para seu pessoal. Seja a melhor pessoa de sua empresa.*

6,5 Liderar com exemplo. Isso se aplica a todos os aspectos das seis áreas anteriores. Não *diga* a uma pessoa como fazer algo – *mostre* a ela como fazer algo e ofereça suporte e treinamento sobre como fazer. Como líder, você quer que sua equipe tenha sucesso. A melhor maneira de conseguir isso é conduzir o caminho. *Tática: Cabe a você proporcionar o clima, o estímulo, as ferramentas e o treinamento para que o sucesso possa ocorrer.*

Quando convidam você para liderar uma equipe após um período de atuação incrivelmente bem-sucedido como funcionário, faça isso com uma condição. Faça seis meses de treinamento prático intensivo de liderança antes de aceitar a posição. Quantos meses (semanas, dias – Ok, *horas*) de treinamento de liderança você já fez? A triste resposta para muitos é: *Não o suficiente.*

ESTE É O SEGREDO: Pare de gerenciar. Comece a liderar. Seu pessoal conta com você.

A Forma Como Você Treina Determina o Resultado Deles – e o Seu

Todo líder deve exortar o valor, as virtudes e a importância do treinamento. Ladainha.

Em minha experiência, os departamentos de treinamento são não só fracos, como também exclusivistas. São também os PRIMEIROS a receber cortes no orçamento em tempos de arrocho. E tem mais, mas deixe-me dar algumas respostas que vão ajudar.

REALIDADE: Seu pessoal quer ouvir suas mensagens e receber sua orientação. Diretamente de você. Eles querem que suas percepções e experiências sejam transferidas por você diretamente.

REALIDADE: Treinar e facilitar é MUITO diferente de apenas fazer uma palestra. É mais lento, requer conceitos transferíveis e grande interação, atuação e exemplos reais de sua parte. Mostre-me, não me diga. Treinamento requer repetição e paciência.

REALIDADE: Líderes devem entender que cada pessoa tem seu próprio ritmo de aprendizado e método de aceitação.

A seguir estão alguns insights importantes de como aumentar a eficácia e os resultados do processo de treinamento:

- **Reconheça que a responsabilidade pelo resultado reside na habilidade do treinador de ser instigante – e o conteúdo envolvente. A combinação desses dois elementos cria uma conexão de sucesso.**

- **Anteriormente discuti sobre e defini o que é um conceito transferível – sua plateia deve dizer para si mesma: "Entendi. Concordo. Acho que posso fazer. Estou disposto a tentar". O conceito transferível leva ao progresso educacional e profissional.**

- **O aprendizado passa por quatro estágios. 1. Entender. 2. Aplicar/Agir. 3. Tornar-se proficiente através da repetição. 4. Aprimorar a proficiência pessoal para dominar o conceito e o processo.**

- **O sucesso em sala de aula é alcançado com mais facilidade quando você se dedica a tornar o treinamento divertido e real (tem tudo a ver com hoje e amanha, não ontem).**

- **A repetição é a mãe da maestria. Você deve ter um plano pronto para criar mensagens repetidas (vinhetas curtas de informações aplicáveis) na sala de aula, na Internet e em outras mídias – texto, áudio e vídeo.**

- **Um *feedback* completo da classe, do escritório ou do campo onde as ideias e estratégias foram aplicadas. A avaliação do treinamento não é uma opção.**

- **Tudo começa com uma atitude YES!. Se o treinador não tiver essa atitude e tampouco os alunos, não comece.**

O novo mundo do aprendizado requer muito mais do que retórica e programas para ser eficiente. Ele requer uma série de elementos que DEVEM estar presentes, caso contrário o treinamento não produzirá os resultados que os líderes seniores estão esperando.

A seguir estão os elementos imprescindíveis que um treinamento de sucesso deve incluir:

- **A expertise prática excepcional do treinador – uma ou várias**
- **Aceitabilidade do treinador pelos alunos**
- **Aceitabilidade do conteúdo pelos alunos**

- Disposição dos alunos de aprender e aplicar
- Afinidade das ideias e conceitos com cada participante
- Estratégias comprovadas – nada de teoria ou coisas impraticáveis.
- Informações realistas, personalizadas, em sintonia com o mercado
- Informações realistas, personalizadas, em sintonia com o trabalho diário
- Conceitos transferíveis que os alunos podem se ver aplicando
- Um ambiente de aprendizagem que estimule os alunos a ter sucesso
- Elementos praticáveis que podem ser usados imediatamente e com sucesso
- Deve existir reforço *on-line* programado além das aulas em classe
- Usar a voz do cliente para reforçar a validade das lições
- Usar a voz do cliente para reforçar a crença do aluno
- Sucesso mensurável por sete medidas simples – aumento na produtividade, desempenho, ânimo, vendas, fidelidade do cliente, lealdade do funcionário e lucro. Mais significativo que o ROI ou alguma outra medida artificial de justificativa
- Antes, durante e após o treinamento, liderança que orienta com encorajamento dia a dia

REALIDADE: na conjuntura econômica atual você precisa de respostas. Você não pode arriscar com fatos ou pessoas incertos.

O IMPORTANTE A ENTENDER: Seu pessoal é um reflexo direto de você. Eles observam você. Seguem você. Avaliam você. Ouvem você. Se quer que eles se dediquem a você, precisa se dedicar a eles. Treine-os para serem os melhores e fazerem o melhor. Ajude-os a serem os melhores. Estimule-os a fazerem o melhor. Lidere-os para serem os melhores.

O IMPORTANTE A FAZER: Identifique as necessidades REAIS de seu pessoal e crie respostas com base na opinião de seus clientes e nas razões deles para comprar e fazer negócios com você. Então encontre alguém capaz de entregar uma mensagem inspiradora e instigante que estimule seu pessoal a criar as duas coisas que vencerá nesta conjuntura econômica: mais negócios e mais lucro.

Autoavaliação dos Elementos Básicos da Liderança

EU SOU O LÍDER QUE QUERO SER? Líderes raramente se avaliam. Abaixo está sua oportunidade de dar uma rápida olhada no espelho. Reserve alguns momentos e dê a si mesmo uma resposta honesta sobre seu nível de competência atual.

NOTE BEM: Se você apenas ler a lista e não circular nenhum número, não se aprimorará nem terá um guia para fazer isso. Quando você circula os números, está dizendo a si mesmo onde está e dando a si mesmo oportunidade de chegar onde deseja estar.

Esta é uma autoavaliação dos elementos básicos da liderança. Para determinar onde você está, circule o número à direita de cada afirmação que representa seu *status* pessoal.

(1 = nunca; 2 = raramente; 3 = às vezes; 4 = frequentemente e 5 = o tempo todo)

☐ **Eu mantenho uma atitude positiva consistente** 1 2 3 4 5

☐ **Eu abraço a mudança como uma oportunidade** 1 2 3 4 5

☐ **Eu dissemino a coragem** 1 2 3 4 5

☐ **Eu assumo riscos** 1 2 3 4 5

☐	Eu ouço com a intenção de entender	1	2	3	4	5
☐	Eu me comunico para ser entendido	1	2	3	4	5
☐	Eu delego e capacito os outros	1	2	3	4	5
☐	Eu entendo os outros	1	2	3	4	5
☐	Eu entendo a mim mesmo	1	2	3	4	5
☐	Eu entendo minha situação	1	2	3	4	5
☐	Estou comprometido a ser o melhor	1	2	3	4	5
☐	Eu administro com excelência	1	2	3	4	5
☐	Sou capaz de recrutar as melhores pessoas	1	2	3	4	5
☐	Eu contrato as melhores pessoas	1	2	3	4	5
☐	Eu retenho as melhores pessoas	1	2	3	4	5
☐	Eu treino a todos e a mim mesmo	1	2	3	4	5
☐	Eu motivo minha equipe consistentemente	1	2	3	4	5
☐	Eu inspiro minha equipe consistentemente	1	2	3	4	5
☐	Eu lidero com exemplos	1	2	3	4	5

Some os números circulados.

Pontuação de Liderança

85-95   **VOCÊ É O LÍDER QUE QUERO TER**. Este livro irá ajudar você a reforçar cada aspecto de sua excelência.

75-84   **VOCÊ É UM BOM LÍDER**. Dedicado e focado. Você agora está pronto para ir da proficiência à maestria.

67-74   **VOCÊ É UM LÍDER LIGEIRAMENTE FORA DE FOCO.** As forças descritas neste livro irão ajudar você a ter uma visão 100% nítida.

59-66   **VOCÊ ESTÁ LIDERANDO, MAS LHE FALTAM COMPETÊNCIAS DE ALTO NÍVEL.** Dedique-se a dominar os conceitos fundamentais deste livro.

40-58   **VOCÊ ESTÁ LUTANDO PARA LIDERAR.** Leia este livro duas vezes, tomando notas enquanto avança, ENTÃO, faça um plano para dominar as forças descritas aqui antes de assumir qualquer outra responsabilidade de liderança.

VOLTE À LISTA: assinale a caixa à esquerda de cada elemento que você circulou um número inferior ao 3. Use as caixas assinaladas para criar seu plano de ação de como irá dominar cada elemento em que precisa melhorar.

Dica do Git GRÁTIS... Para uma versão em PDF deste teste, acesse www.gitomer.com e digite as palavras LEADER TEST na caixa GitBit.

Não me Pergunte, Pergunte a Si Próprio! Quão EXCELENTE Você É?

RETENÇÃO

O "custo da perda" não aparece em nenhum relatório de L&P. Não aparece em nenhum balancete. Mas deve ser do conhecimento de todo líder para que aumente a lucratividade eficientemente.

Como minha porcentagem de rotatividade se classifica em relação ao custo para treinar substitutos?

ATRAÇÃO

Uma forma de medir o sucesso é ser indicado pelos funcionários. Alguém que gosta do lugar onde trabalha quer indicar amigos qualificados.

Quantas pessoas qualificadas são indicadas por outros funcionários para virem trabalhar para mim?

REPUTAÇÃO

Sua reputação é determinada pelos outros, especialmente pelas pessoas com quem trabalha.

Como funcionários atuais e antigos falam sobre mim pelas costas?

AMBIENTE

Quando o ânimo é alto, a produtividade é alta.

Meu pessoal está feliz? Sou bom em tornar o ambiente de trabalho feliz? (DICA: Eu sou feliz?)

Líderes Podem Ajudar ou Atrapalhar

Mais negócios são perdidos por uma liderança fraca do que por um desempenho fraco. Gerentes, líderes e donos podem encorajar ou desencorajar as pessoas com suas políticas e ações. O que torna um líder excepcional? Com frequência, quando você pergunta a um líder, e depois pergunta a alguém que trabalha para ele, recebe respostas completamente diferentes.

E tenha em mente, isso também inclui liderança na visão de vendedores e de líderes de vendas. As pessoas mais avaliadas em uma empresa.

Compilei a lista a seguir sobre atributos de liderança de três fontes diferentes: minha experiência pessoal, entrevistando líderes e fazendo estas perguntas ao pessoal deles: "O que torna um líder ideal?" Quantos dos atributos a seguir descrevem a maneira como você lidera? E se você fosse um funcionário lendo isto, quantas dessas características gostaria que seu chefe, líder ou gerente tivesse?

- **Liderar (gerenciar) com exemplo.** Não pregue o que você não acredita ou faz. Você não está acima disso. Lidere fazendo – não mandando.

- **Adquira e mantenha uma atitude positiva.** O maior passo que você pode dar rumo a seu sucesso e ao sucesso de seu pessoal. Mantenha sua equipe feliz dando um exemplo feliz.

- **Estabeleça e atinja metas junto com sua equipe.** Não estabeleça quotas, estabeleça metas. Avalie o progresso semanalmente.

- **Atenda às ligações dos clientes e dos fornecedores.** Mantenha-se no topo sabendo o que o cliente precisa, o que o fornecedor quer e aprimorando sua habilidade de ouvir, entender e responder.

- **Participe de reuniões e conferências com seu pessoal.** Ponha-se no lugar deles com regularidade.

- **Faça acompanhamento de clientes por telefone.** Mantenha-se em contato com os clientes e descubra o que é preciso para mantê--los fiéis.

- **Atenda algumas ligações de reclamação de clientes.** Descubra quais são realmente os problemas e os desafios de seus clientes, de sua empresa e de sua equipe. Ligue para clientes insatisfeitos para acompanhar as medidas tomadas.

- **Ligue para clientes perdidos.** Descubra por que você os perdeu.

- **Faça ligações de agradecimento para os clientes após a venda.** Uma ligação pessoal da gerência é um excelente começo para um relacionamento.

- **Ligue para os clientes fiéis.** Descubra o que deixa seus clientes felizes e que tipo de trabalho seu pessoal de vendas e atendimento está fazendo.

- **Peça *feedback*.** Dos funcionários, da alta administração e dos clientes.

- **Ponha o *feedback* em prática.** Mostre para a equipe que você está ouvindo. Isso vai estimular mais sugestões produtivas e aumentar muito o ânimo. Mostre que você tem a habilidade de mudar e crescer.

- **Visite suas principais contas com seu pessoal de vendas.** Faça no mínimo cinco visitas a clientes por mês. Mantenha-se informado.

- **Use relatórios de progresso de projetos por tarefa em vez de por dia.** Defina as atividades por tarefa ou projeto para que você possa ver o ciclo de progresso do trabalho numa única página. É uma total perda de tempo saber o que alguém fez numa segunda ou numa terça-feira.

- **Verifique todos os relatórios periodicamente.** Garanta que seu pessoal não está apenas preenchendo espaços para fazer as coisas parecerem boas.

- **Apoie seu pessoal.** Quando um cliente tem um problema, defenda e acredite na capacidade de seu pessoal. Não julgue até que tenha ouvido os dois lados.

- **Diga coisas agradáveis para seu pessoal regularmente.** Tenha 10 vezes mais coisas boas a dizer do que coisas ruins. Estimule o sucesso com apoio.

- **Encoraje, não repreenda.** Todo mundo comete erros, inclusive você. O encorajamento e o reforço positivo evitarão mais que outros erros sejam cometidos do que uma reprimenda. Seja um orientador. Ofereça suporte.

- **Se precisar repreender, faça em particular.** E não conte a ninguém mais sobre isso.

- **Não tenha favoritos.** Isso irá acabar com você, com o ânimo e com seus mais favorecidos.

- **Torne sua sala um lugar divertido de ir.** O que as pessoas dizem quando convidadas a entrar?

- **Seja inspirador.** Envie mensagens inspiradoras. Observe sua sala. Existem coisas inspiradoras na parede? Você segue essas mensagens, ou elas são apenas lembretes vazios do que você deveria estar fazendo também?

- **Ofereça recompensas e prêmios por um trabalho excepcional.** Incentivos funcionam. Ofereça incentivos que qualquer um possa ganhar.

- **Seja conhecido como a pessoa que vai até o fim e termina o trabalho.** Ou, caso contrário, morrerá trabalhando.

- **Mantenha os olhos abertos para oportunidades de aprimoramento.** Quando você é perspicaz, alerta e obtém resultados, isso inspira seu pessoal.

- **Treine, treine, treine.** Treine semanalmente, participe de todos os seminários possíveis, ouça áudios, assista a programas em vídeo, leia livros relacionados a liderança, força de trabalho, fidelidade e atitude positiva. E não simplesmente dê treinamentos. Faça também.

- **Alta rotatividade?** Se você continua a perder pessoas, talvez deva se examinar mais de perto no espelho. Talvez não sejam eles.

- **Está se divertindo?** Talvez se houvesse mais risos no trabalho haveria mais produtividade e ânimo, sem falar de menos rotatividade.

- **Não gerencie qualquer pessoa, exceto você.** Seja um pensador, um professor, um orientador, um influenciador, um encorajador, um comunicador, um aluno, um empreendedor de ações, um exemplo e um líder.

Para ser um grande líder de pessoas – inspire essas pessoas a seguirem você, não suas regras.

– *Jeffrey Gitomer*

Autoavaliação dos Atributos de um Líder

EU POSSUO OS ATRIBUTOS DE UM LÍDER IDEAL?

Os líderes raramente se autoavaliam. A seguir está sua oportunidade de dar uma olhada no espelho. Reserve um tempo para dar a si próprio uma resposta honesta sobre seu nível de competência atual.

Agora você tem a oportunidade de passar do "Eu sei disso" para "O quanto bom sou nisso?".
Esta é uma autoavaliação dos atributos que podem levá-lo ao topo ou derrubá-lo. À direita de cada afirmação abaixo circule o número que melhor o define.

(1 = nunca; 2 = raramente; 3 = às vezes; 4 = frequentemente e 5=o tempo todo)

☐ Eu lidero (gerencio) com exemplos   1 2 3 4 5

☐ Eu tenho e mantenho uma atitude positiva   1 2 3 4 5

☐ Eu defino e atinjo metas junto com minha equipe   1 2 3 4 5

☐ Eu atendo ligações de consulta   1 2 3 4 5

☐ Eu faço visitas e participo de reuniões com meu
   pessoal   1 2 3 4 5

☐ Eu faço ligações de acompanhamento para clientes   1 2 3 4 5

☐ Eu atendo ligações de reclamação dos clientes   1 2 3 4 5

☐ Eu ligo para os clientes perdidos   1 2 3 4 5

☐ Eu faço ligações de agradecimento para os clientes   1 2 3 4 5

☐ **Eu ligo para ou visito clientes fiéis com meus vendedores** 1 2 3 4 5

☐ **Eu uso relatórios que me dão informações de produtividade** 1 2 3 4 5

☐ **Eu verifico os relatórios periodicamente** 1 2 3 4 5

☐ **Eu peço *feedback*** 1 2 3 4 5

☐ **Em coloco o *feedback* em prática** 1 2 3 4 5

☐ **Eu apoio minha equipe** 1 2 3 4 5

☐ **Eu dou *feedback* positivo para minha equipe regularmente** 1 2 3 4 5

☐ **Eu estimulo em vez de repreender** 1 2 3 4 5

☐ **Se preciso repreender, faço em particular** 1 2 3 4 5

☐ **Não tenho favoritos** 1 2 3 4 5

☐ **Sou inspirador** 1 2 3 4 5

☐ **Ofereço recompensas/dou prêmios por um trabalho excepcional** 1 2 3 4 5

☐ **Torno minha empresa um lugar divertido de trabalhar** 1 2 3 4 5

☐ **Vou até o fim e termino o trabalho** 1 2 3 4 5

☐ **Reconheço a oportunidade de melhorar e servir** 1 2 3 4 5

☐ **Eu treino, treino, treino** 1 2 3 4 5

☐ **Minha rotatividade é baixa** 1 2 3 4 5

☐ **Eu me divirto** 1 2 3 4 5

☐ **Eu não gerencio ninguém exceto a mim mesmo** 1 2 3 4 5

AGORA VOLTE À LISTA: Assinale a caixa à esquerda de cada atributo que você circulou um 1, 2 ou 3. Use as caixas assinaladas para criar seu plano de ação de como dominar cada atributo em que precisa melhorar.

Dica do ⅄ Git GRÁTIS... Para uma versão em PDF (em inglês) deste, acesse www.gitomer.com e digite as palavras LEADER ATTRIBUTES na caixa GitBit.

Seu Ramo é de Vendas, Negociação, Mediação? Resposta: Pode Apostar!

Existe uma necessidade inegável e contínua de que todo líder seja um vendedor, um negociador e um mediador.

Com todas as características necessárias a um líder, você deve empregar uma persuasão amigável para conseguir vender suas ideias e convencer os outros de que suas ideias e suas estratégias funcionarão.

É vender na forma de ser crível. É vender na forma de passar confiança. É vender na forma de criar um clima em que a realização é factível. Sob qualquer ângulo que você veja – é venda.

A negociação é um tipo de venda. Fazer com que a outra pessoa veja do seu jeito e faça do seu jeito. Negociação implica compromisso e também pode significar dar um conselho sobre o ponto de vista de alguém e modificar o seu próprio. Mas de um modo ou de outro, é venda.

A mediação é um tipo de negociação. Mas feita entre duas pessoas – não sendo você uma delas.

Você está no meio, e sua função é resolver a questão de uma maneira que ambas as pessoas sintam que venceram.

Meu pai me ensinou o segredo da negociação.

"Filho, nunca ofereça algo que você não aceitaria."
– *Max Gitomer*

Deixe que este conselho guie você, como líder, tanto na negociação como na mediação.

O IMPORTANTE A ENTENDER: Estas são duas filosofias importantes: 1. Seu pessoal não está comprando suas ideias ou estratégias. Eles estão comprando você. Sua aceitação por eles os levará para suas ideias e estratégias. 2. As pessoas não gostam de ser compradas, mas adoram comprar. Se seu pessoal sentir que está sendo pressionado, sua primeira inclinação será resistir. O segredo das vendas, especialmente vendas de liderança, é envolver fazendo perguntas, em vez de tentar convencer ou coagir fazendo afirmações. Quando você dominar estas duas filosofias, seu papel como líder será intensificado para sempre.

O IMPORTANTE A FAZER: Reveja suas apresentações e seus discursos. Você envolve fazendo perguntas ou repele afirmando? Transforme no mínimo 30% de suas afirmações em perguntas, criando assim um diálogo entre os membros de sua equipe e talvez uma interação direta com você. Eu prometo que terá uma maior aceitação, maior ânimo e mais realizações.

Liderança Adaptável

Para ser um grande líder, você deve ter uma mente adaptável. Deve ver cada situação, cada pessoa e cada tarefa como uma oportunidade de fazer melhor, aprender mais e ter sucesso de uma maneira que supere seus triunfos anteriores e estabeleça uma reputação nova e melhor.

- **Quanto mais velho você fica, menos disposição tem para se adaptar ou mudar.**
- **Quanto mais experiência você tem, menos disposto fica para se adaptar ou mudar.**
- **Quanto mais você se distancia de ser um estudante, menos disposto fica para se adaptar ou mudar.**
- **Quanto menos conhecimento em tecnologia você tem, mais deixa de reconhecer as oportunidades de adaptar ou mudar sua filosofia e metodologia para liderar a si e aos outros.**

Liderança adaptável significa tomar a situação presente e criar algo melhor, mais novo e mais atual do que você costumava fazer.

"Sempre fiz isso assim" é uma expressão em que você nunca deveria pensar, quando mais dizer. Você provavelmente sempre fez assim desde antes do telefone celular, ou desde antes da Internet, ou dos laptops, ou dos torpedos ou da mídia social, ou, ou, ou...

Talvez, eu tenha ofendido alguns de vocês falando sobre o quanto líderes experientes são os últimos a se adaptar. Algumas pessoas chamam isso de teimosia, outras de cabeça dura. Eu chamo isso de estupidamente perigoso.

Um líder que não consegue enxergar que é preciso buscar novas estratégias, novas respostas e novos rumos com base na atualidade, nas pessoas e na tecnologia precisa largar seu emprego e ir trabalhar numa fazenda de criação de avestruz onde todo mundo já está com a cabeça enterrada na terra. Eles vão se sentir em casa.

Um dos aspectos mais interessantes de ser adaptável é que, quando você começa, isso se torna um processo sem fim. Além disso, é muito mais intelectualmente desafiador, às vezes até mais divertido e, certamente, muito mais recompensador e gratificante saber que você é um líder moderno do que "obsoleto".

Toda vez que vou de carro para o aeroporto da Filadélfia, passo pelo cais da Marinha. Lá estão 100 embarcações muito antigas para navegar, muito obsoletas para guerrear, muito lentas para responder e muito perigosas para que haja marinheiros a bordo no caso de um ataque inimigo. São chamados de "Frota Naftalina". Um punhado de navios parados lá sem fazer nada – e por causa de sua idade e sua capacidade limitada, nunca farão.

Estão lá cobertos de naftalina porque não conseguiram acompanhar os tempos e a tecnologia.

A seguir estão 5,5 coisas que você pode fazer para promover sua própria habilidade de ser mais aberto, mais atualizado e mais adaptável tanto em seu estilo como em suas ações.

1. **LEIA MAIS DO QUE ASSISTA.** Um livro por mês sobre tecnologia, negócios, liderança, vendas ou psicologia vai levar você muito mais longe do que assistir concursos, *reality shows*, reprises ou o noticiário na TV, ou passar a noite no bar. Dedique mais tempo a si

próprio, dedique mais tempo ao estudo e dedique mais tempo a ler e aprender sobre o que há de novo.

2. **DIVIRTA-SE MAIS.** Navegue na Internet pelo menos por uma hora todos os dias. Torne-se um comprador da Amazon.com com apenas um clique, combinando assim sua habilidade de usar a Internet com sua necessidade de ler.

3. **TORNE-SE MAIS ATRAENTE.** Crie um blog. Crie uma página comercial no Facebook. Crie uma conta no Twitter e escreva seus pensamentos e filosofias. Você saberá o quão bom eles são pela frequência com que são retuitados. Faça com que as pessoas sejam seguidoras de seu pensamento escrevendo e postando suas experiências. As pessoas ficarão interessadas e se juntarão a você.

4. **ANTENAS LIGADAS!** Aproveite o poder da observação. Preste atenção e aprenda com tudo que acontece ao seu redor. Preste atenção especial nos outros que fazem o que você faz.

5 **OUÇA COM O INTUITO DE ENTENDER.** Em outras palavras, não interrompa até que a outra pessoa termine o que estava dizendo; inclusive, faça uma pergunta em vez de simplesmente criar uma resposta ao conversar com os outros.

5,5 **OLHE NO ESPELHO.** Você se tornou aquilo que planejou se tornar? Você fica estático quando se olha no espelho? Você sorri e pisca quando se olha no espelho? Suas metas imediatas estão coladas no espelho para que você possa vê-las e repeti-las todos os dias? E por fim, como os outros classificam sua habilidade de se adaptar?

Como você pode ver, não é apenas o que você pensa, é como os outros percebem suas palavras e suas ações, e seus feitos.

O IMPORTANTE A ENTENDER: seu DESEJO e sua HABILIDADE de se adaptar e aceitar situações existentes E abraçar o progresso determinam seu sucesso, e o sucesso de seu pessoal.

O IMPORTANTE A FAZER: Examine suas 10 últimas decisões. Quantas delas levaram em consideração ou se recusaram a reconhecer que o mundo está diferente (mídia social, torpedos, *branding*, métricas, Google)? Agora reavalie essas 10 decisões usando competências de adaptação e veja o que poderia ter sido feito diferente, melhor e mais colaborativamente.

O Dia a Dia e
O Dia Após Dia

Se você tem sido líder há mais de cinco anos, é o mais vulnerável a perder o brilho da liderança.

Mesmo que pense que não precisa, desafio você a ler as próximas páginas palavra por palavra para que não seja vítima da armadilha da apatia e da falsa sabedoria.

Muitos líderes (não você, é claro) acreditam que seu conhecimento é muito superior do que o das pessoas que lideram. Muitos líderes que ocupam a posição de longa data e são experientes acreditam que já têm as respostas e simplesmente esperam que as circunstâncias surjam ou mudem.

REALIDADE: Existem três níveis de vida: atribulada (no embalo), rotineira (monótona), pesada (extremamente monótona). No início de carreira você está no embalo. Trabalhando com o máximo empenho, o máximo de tempo e da forma mais ágil possível – e buscando ter sucesso em cada oportunidade. O tempo passa. Dias se tornam anos, e se você tenta permanecer na mesma rotina ela fica velha, gasta e por fim monótona.

Um dos melhores exemplos que posso dar a você é sua habilidade atual de tirar proveito da tecnologia, fazer suas próprias apresentações no PowerPoint e dominar seu laptop.

E por acaso mencionei sua incapacidade de reconhecer que o Facebook agora é um dos três maiores países do mundo? Se por uma razão qualquer você decidiu que não quer ou não precisa manter-se "atualizado", caiu na monotonia.

E então, dia após dia você tenta ir levando e fazendo as coisas do mesmo jeito que sempre fez por que daqui a apenas cinco anos você poderá se aposentar.

E a monotonia se aprofunda até se tornar um peso. Não pense nela como um peso mortal – pense como um peso morto-vivo, por ter ficado para trás.

Sua função é PERMANECER NO EMBALO. Permanecendo no embalo, você dá o exemplo para que seu pessoal permaneça embalado.

Um líder me perguntou: "Como lido com esses garotos que chegam cheios de prerrogativas?".

Minha resposta foi: "Você manda um torpedo para eles". E o torpedo diz: "Aqui não existem prerrogativas. Quando entrar, você vai trabalhar feito um condenado – e espera-se que atinja um alto nível de desempenho". E você manda esse torpedo enquanto eles estão sentados bem ali na sua frente.

Se não entende por que a nova geração prefere se expressar por mensagem de texto do que falar, você pode estar num barranco. Se você não sabe se comunicar assim, está num buraco profundo.

NOTA DO AUTOR: Estou tentando ensinar meus netos a escrever palavras inteiras em suas mensagens (te vejo mais tarde) em vez deste dialeto ininteligível (t vj + trd). Você tem netos? E manda mensagens para eles?

Permanecer no embalo significa dedicar-se e rededicar-se à educação, excelência e ao entusiasmo como exemplo.

O IMPORTANTE A ENTENDER: Se os membros de sua equipe sentem que o ultrapassaram ou que têm competências melhores que as suas (especialmente as tecnológicas), eles irão no mínimo resistir e mais provavelmente criticar as ideias que você apresentar, afirmando que elas não se aplicam mais no mundo de hoje.

O IMPORTANTE A FAZER: Aprimore seus conhecimentos sobre computação em 100% nos próximos 30 dias. Isso significa aprender ativamente e dominar os programas que seu pessoal usa diariamente. Crie um blog. Crie algum método novo de se comunicar com seu pessoal. Faça coisas que deixarão seu pessoal comentando sobre você. Quando renovar suas competências, você irá renovar automaticamente sua habilidade de influenciar e inspirar.

Sandy Carter Lidera da Primeira Fila

Uma hora antes de meu seminário sobre liderança e vendas na IBM começar, andei pela plateia.

Algumas pessoas vieram me cumprimentar e apertar minha mão, por reconhecerem a mim ou a minha marca registrada, o uniforme de operário – enquanto que outros (a maioria) me olharam achando que eu fosse alguém da manutenção e continuaram fazendo suas coisas como se eu fosse invisível.

A primeira fila da sala estava vazia exceto por uma pessoa.

"Oi, meu nome é Jeffrey Gitomer, por acaso você é Sandy Carter?"
"Sim, sou", ela sorriu.

Trocamos amenidades, falamos um pouco sobre o evento e sobre como eu estava empolgado e honrado de fazer esta apresentação.

Sandy Carter, para os desinformados, é uma funcionária icônica da IBM. Embora oficialmente seu cargo seja vice-presidente de Software de Parceiros Corporativos & Midmarket, extraoficialmente ela é a Rainha da Mídia Social Corporativa. Ela tem sido uma líder orientadora, proativa, na Big Blue nos últimos 20 anos.

Não por coincidência, Sandy escolheu a primeira fila em meu seminário. Ela tuitou o tempo todo. E ninguém teve a segurança ou a coragem de se sentar ao lado dela.

Comecei minha palestra com um desafio para o público sobre sua presença na mídia social e sua compreensão da oportunidade que a mídia social proporciona. "Quantos de vocês estão no Linkedin?" Praticamente todas as mãos levantaram. "Quantos de vocês têm mais de 100 contatos?" Metade das mãos baixaram. "Quantos têm mais de 250 contatos?" Praticamente todas as mãos baixaram. "Mais de 500 contatos?" Apenas uma mão permaneceu levantada. A de Sandy Carter.

"Quantos de vocês têm uma conta no Twitter que realmente usam?" Pouquíssimas mãos levantaram. "Quantos de vocês têm mais de 500 seguidores no Twitter?" três mãos. "Mil seguidores?" Uma mão continuou levantada, a de Sandy Carter. "Cinco mil seguidores?" A mão de Sandy Carter continuou levantada. "Dez mil seguidores?" A mão de Sandy Carter continuou levantada, deixando o público sem ar.

Ela é uma funcionária fiel da IBM há 20 anos. Ela é responsável pelo sucesso de mais de 1.700 pessoas. Ela blogueia para milhares, tuita para 21 mil e tem um fator de contatos no Linkedin de mais de 1.000. Ela já ganhou 14 prêmios de inovação em marketing. E ela vive no limite ou próxima dele.

Ela é a definição clássica no dicionário de "liderança com exemplo". Sandy escreveu dois livros (enquanto a maioria dos líderes ainda está pensando em escrever). *The New Language of Business: SOA and Web 2.0* e *The New Language of Marketing 2.0.* Ela terá escrito e publicado seu terceiro livro antes que 99,9% de todos os líderes do planeta (com o mesmo tempo no cargo) tenham escrito o primeiro capítulo.

Como vai seu livro?

Decidi usar Sandy como exemplo de liderança porque ela está NO fogo cruzado todos os dias. Sua agenda é LOTADA e sua assistente Liz é excelente (o que não surpreende).

A seguir estão algumas das preciosidades de minha entrevista com Sandy (ela é elétrica e era possível sentir sua força de caráter e determinação pelo telefone):

HISTÓRIA PASSADA DE SUCESSO PROATIVO: "Quando assumi meu primeiro projeto na IBM em Charlotte, eu queria fazer diferença e mostrar que estava próxima do cliente. Eles me pediram para eu criar um software para caixas de banco, e tive minha oportunidade de fazer diferença. Nunca tinha sido um caixa. Eles queriam que eu fosse a campo conversar com caixas e documentar suas necessidades. Enquanto fazia isso, percebi que se não atuasse realmente como um caixa nunca saberia como é de fato o dia a dia deles. Então arrumei um estágio no Nation´s Bank (NCNB). Hugh McColl, que também era formado em Harvard, permitiu que eu trabalhasse no banco como caixa por duas semanas. E deixe-me dizer que depois dessas duas semanas desenvolvemos o melhor software de caixa da história da IBM. O desenvolvimento do software me taxou de rebelde na IBM – como alguém que ouve o cliente. Desde então, tento manter-me fiel a este ouvir o cliente, e 20 anos mais tarde descobri que isso significa mídia social."

RESULTADOS DE ASSUMIR RISCOS: "Quando tuitei: 'Analytics está com tudo', esperava receber muitos mais retuites do que recebi. Recebi muitos comentários no meu blog e quatro ou cinco clientes me pediram para fazer reuniões com eles porque queriam entender o que é *social analytics* e o que isso podia fazer por sua empresa."

ASSUMIR O RISCO DE SER O PRIMEIRO E VENCER: "Quando começamos a dar atenção à mídia social, a IBM estava se envolvendo no que posso considerar algumas áreas muito sofisticadas da tecnologia. Decidi que a comunicação por meio de canais de mídia social podia nos tornar um verdadeiro líder em tecnologia, então pulei de cabeça. Está funcionando melhor do que eu esperava."

APRENDENDO A DOMINAR ANTES DE DELEGAR: "Comecei primeiro alavancando a mídia social pessoalmente. Descobri como ela estava me permitindo fazer contatos e dialogar. Assim que iniciamos o novo portfólio como solução, eu imediatamente acrescentei a mídia social ao que estávamos fazendo para de fato aumentar o burburinho e a energia. A primeira coisa que fiz foi criar um blog e em seguida postar um vídeo muito bacana no YouTube."

DESAFIO DE LIDERANÇA: "A mídia social é extraordinária. O que acontece no Twitter ou num blog pode ser bom ou ruim. E como líder você fica muito vulnerável. Você realmente deve ter muito cuidado com o que fala porque alguém pode interpretar mal."

AÇÃO DE LIDERANÇA: "Quero ser uma pregadora para meus clientes e parceiros. Acabamos de fazer uma pesquisa com 3 mil de nossos parceiros e descobrimos que 34% deles já usam a mídia social como ferramenta de vendas e os outros 66% disseram 'Ainda não comecei a usar' ou 'Já comecei mas não sei o que estou fazendo e preciso de alguma instrução e treinamento'. Então começamos a oferecer uma série de aulas *on-line* e eu promovi uma série de almoço e aula pessoal. Por toda IBM e com minha comunidade de parceiros posso ter 3 mil pessoas num evento almoço e aula onde abordamos como usar o Twitter, como criar um blog ou como criar links no Flickr ou no YouTube. É incrível o número de pessoas que querem aprender. Se você próprio não fizer, então não pode ensinar."

FILOSOFIA: *Sandy Carter tem uma filosofia pessoal e corporativa de liderança composta por quatro elementos.*

1. Assegure que as pessoas exijam o máximo de si para serem as melhores. Muitas pessoas de minha equipe me procuram e dizem: "Você me pediu para fazer algo que eu não acreditava que poderia fazer e fiquei muito bravo por você me pedir isso... e então consegui".
2. Sou dedicada e preocupada. Criei uma tradição em minha última posição de tricotar uma manta para qualquer pessoa que tivesse um bebê. Saber como estão os filhos de meu pessoal, quem está doente, quem está passando dificuldades em casa e entender o impacto disso no desempenho e no relacionamento é uma característica minha estimada.

3. Eu lidero com exemplo. Eu exijo muito de mim, trabalho duro e acredito que estamos juntos no mesmo barco – mas quero ser o trabalhador mais árduo de todos.

4. Acredito que não importa o que você faça, aprender constantemente e ouvir constantemente irá levar você ao sucesso. Alguém que realmente admiro na IBM é Steve Mills. Ele me disse que "Competências superiores e proximidade do cliente sempre vencem".

FAZENDO A DIFERENÇA: Sandy iniciou um grupo de super-mulheres na IBM que atualmente conta com 16 mil mulheres. "O que fazemos é focarmos competências como networking, tecnologia, mídia social, unir-se e formar uma comunidade e como tornar a IBM uma empresa ainda melhor e um lugar melhor para as mulheres."

Sandy Carter é uma verdadeira líder. Tentei reverenciar suas estratégias e realizações, mas seria necessário mais do que estas poucas páginas.

Desafio você, leitor, líder, a estudar essas realizações e compará-las com as suas num período de 20 anos.

Depois de ler os livros de Sandy, seja seu seguidor no Twitter e entre no blog dela, você terá uma ideia melhor de sua profundidade e do exemplo que ela está dando globalmente.

Dica do 𝕏 Git GRÁTIS... Se você está interessado em saber mais sobre Sandy Carter, acesse www.gitomer.com e digite a palavra SANDY na caixa GitBit.

FORÇA 5

DE LIDERANÇA EM *COACHING*

A força para aprender competências de *coaching* para dar suporte, treinar e encorajar cada membro da equipe para a realização e a vitória.

Você é um Líder ou um *Coach* (treinador/orientador) YES!?

Então você é um líder. Você tem uma equipe de pessoas – e tem metas, projetos, tarefas e desafios.

Grande coisa. Muita gente também tem.

A PERGUNTA É: Quão bom você é?

Não quão bom é seu pessoal – quão bom *você* é?

Como você supera suas metas consistentemente, elimina sua rotatividade e inspira seu pessoal a ser o melhor, consegue vender suas ideias novas para a alta administração e ainda tem tempo para brincar com seu gato?

Primeiro, pergunte a si próprio como se tornou um líder. Você era um funcionário excepcional que foi promovido por suas realizações? Você era a única pessoa da equipe que tinha alguma experiência em liderança? Ou você foi recrutado e contratado para mudar as coisas?

Não importa como você conquistou o título, sua função é causar um impacto enquanto está nesta posição e estabelecer um novo padrão de excelência que futuros líderes deverão manter.

Na minha experiência, é mais fácil e compreensível orientar pessoas para atingir o sucesso do que liderar pessoas para atingir o sucesso.

Uma das primeiras coisas que eu iria querer saber como líder seria o melhor mês do ano (embora essas coisas sejam medidas) da história da empresa. Minha meta inicial seria superar esta marca, e esta é uma meta que eu compartilharia com todos os membros de minha equipe.

Reúna-se com eles e explique seu papel duplo de líder e *coach*, algo como um treinador-orientador. Diga a eles que como líder, você dará diretrizes – e como *coach*, você irá ensinar como fazer e os encorajar a vencer.

Você precisa ganhar a confiança de todos os membros da equipe. Você pode sair com eles para conversar e para comemorar e ter um diálogo cara a cara sempre que possível.

Como líder, seu pessoal quer desempenhar para você. Sua função é orientá-los para um desempenho de sucesso.

O IMPORTANTE A ENTENDER: A maioria das pessoas já teve um *coach* que as influenciou em muito mais do que as técnicas do jogo. Se você teve alguém assim (e eu espero que tenha), emule essas competências inspiradoras e você alcançará a mesma influência, impacto e resultado.

O IMPORTANTE A FAZER: Depois de fazer uma autoavaliação HONESTA, encontre um *coach* e pergunte se você pode pagá-lo por sua ajuda. Deixe que ele o adote e o estimule a ter uma maior disciplina e aprimore suas competências para que você possa por sua vez "passá-las" adiante.

Deixe-me Jogar

Deixe-me Jogar! Deixe-me Jogar! Deixe-me Jogar!

Essas são palavras ditas SEMPRE com entusiasmo e paixão. É isso que os jogadores querem! Eles querem estar no jogo. Eles estão ansiosos em jogar para você. E eles querem ser treinados para a vitória.

Quero desafiar você a parar de gerenciar seu pessoal e começar a liderá-los como um *coach*.

Um *coach* é uma pessoa que consegue FAZER tudo o que diz para os outros fazerem.

A seguir estão 14,5 atributos e qualidades pessoais que tornam um coach alguém vencedor:

1. **Ter informações valiosas que as pessoas podem usar.**

2. **Combinar sua experiência com o mundo real.**

3. **Ter senso de humor.**

4. **Conhecer o jogo melhor do que eles.**

5. **Encorajar.**

6. **Ser um excelente apresentador.**

7. **Ter padrões e princípios éticos que segue, não apenas prega.**

8. **Ser interessado.**

9. **Ter excelentes competências de comunicação.**

10. **Ser querido pela sua equipe.**

11. **Seu time acredita em você.**

12. **Inspirar os outros.**

13. **Dizer a verdade o tempo todo.**

14. **Seu time respeita você.**

14,5. **Você pode jogar.**

Pense sobre alguns dos melhores treinadores de todos os tempos. Eles também estão entre as pessoas mais reverenciadas e respeitadas de todos os tempos. Knute Rockne, Vince Lombardi, John Wooden,

Joe Paterno, Don Schula. São pessoas que inspiraram um time de vencedores. E você também pode.

A seguir estão 20,5 elementos da excelência em coaching *que você deve dominar:*

1. É MAIS FÁCIL TREINAR UMA PESSOA INTELIGENTE DO QUE UM IDIOTA.
Contrate pessoas inteligentes.

2. É POSSÍVEL TREINAR UMA PESSOA FELIZ. É impossível treinar uma
pessoa infeliz. Contrate pessoas felizes.

3. O QUÃO BOM VOCÊ É DETERMINA O QUANTO ELES ESTÃO DISPOSTOS A APRENDER COM VOCÊ. Seja bom em todas as competências e faça jogadas
elaboradas frente a seu pessoal.

4. "COM EXEMPLO" É A ÚNICA MANEIRA. Não diga a eles o que fazer.
Mostre como é feito.

5. ENCENE REALISTICAMENTE. Encene com funcionários, fornecedores,
vendedores, gerentes de vendas e com clientes. Você pode na verdade encenar com seu melhor cliente. Você não vai ter uma visão mais realista do que essa.

6. ENSINE SEU PESSOAL, ESPECIALMENTE SEU PESSOAL DE VENDAS, COMO AJUDAR E COMO PROPORCIONAR VALOR. Se você é um líder de vendas,
não ensine simplesmente competências de vendas; ensine motivos para comprar. Lembre-se de meu mantra de vendas: *As pessoas não gostam de que vendam para elas, mas adoram comprar.* Os clientes querem saber como produzir mais e lucrar mais.

7. CRIE UMA MATRIZ DE RESPOSTAS REAIS E DAS MELHORES RESPOSTAS.
Você não encontrou nenhum problema novo em 20 anos. Talvez em 50 anos. Liste cada problema que ocorre e então determine sua melhor resposta para cada uma dessas situações. Ensine as melhores respostas a seu pessoal.

8. FAÇA UMA COMPETIÇÃO QUE QUALQUER UM PODE GANHAR. Não apenas do maior número de vendas. Que tal o maior número de indicações ou o menor número de reclamações – ou o maior lucro, o maior número de contas novas ou de renovação de contas, a pessoa que mais se aprimorou, a maior porcentagem de crescimento de conta, o menor número de ligações de reparos. Crie competições que oferecem um incentivo real. E não seja mesquinho com os prêmios. Dê coisas que seu pessoal quer, mas que dificilmente poderiam comprar.

9. PREMIE REALIZAÇÕES EM PÚBLICO. E não seja mesquinho com elogios, placas ou prêmios. Prêmios criam orgulho do trabalho e incentiva realizações.

10. APOIE OS ESFORÇOS DE SUA EQUIPE COM PROMOÇÕES, PRODUTOS E PESSOAS. Se você quer que sua equipe de vendas tenha sucesso, você e todos na empresa devem apoiá-la. Quando estiverem fora de campo não deixe que se sintam sozinhos.

11. ENSINE SEU PESSOAL A CRIAR REDES DE RELACIONAMENTO FORA DO LIMITE DAS VENDAS. Fazer negócios de maneira casual dá mais resultado do que de maneira formal. Seu pessoal precisa ir a encontros em que prospectos e clientes vão e conhecê-los pessoalmente.

12. ENSINE A SEU PESSOAL A CIÊNCIA DE FAZER PERGUNTAS. Se faz perguntas inteligentes, eles pensam que você é inteligente. Se faz perguntas bobas, eles pensam que você é bobo. Garanta que seu pessoal saiba fazer a pergunta mais poderosa de todas – garanta que eles se comprometerão sempre que visitarem um cliente.

13. ENSINE A SEU PESSOAL E A SI PRÓPRIO A SER CRIATIVO. Uma visita de vendas criativa significa que você vai com ideias e respostas sobre como ajudar seu cliente a produzir mais e lucrar mais. Se vai com informações sobre você, eles o consideram um vendedor; se vai com ideias e respostas eles o consideram um recurso. Eis o problema: ideias e respostas requerem preparação. Eis a boa notícia: a habilidade de seu pessoal de levar boas ideias para a mesa será a diferença entre fechar o negócio ou perdê-lo. E há um segredo: criatividade é uma ciência. Você pode aprender.

14. PAGUE MAIS PARA UM TREINAMENTO EXTERNO. O treinamento externo apresentará novas perspectivas e impedirá que hierarquias políticas e interesses dominem os resultados. Esse treinamento manterá sua mente aberta a novas ideias, conceitos, assim como a novas estratégias e metodologias que ajudarão você e seu pessoal a se aprimorarem.

15. QUANDO VOCÊ ENSINAR SEU PESSOAL, ENSINE A MESMA QUANTIDADE DE COMPETÊNCIAS DE VENDAS, COMPETÊNCIAS DE APRESENTAÇÃO E COMPETÊNCIAS DE DESENVOLVIMENTO PESSOAL. Competências de vendas e motivos para compra são apenas um terço da equação. Competências de apresentação permitirão que sua mensagem seja transmitida com paixão e competências de desenvolvimento pessoal determinarão a atitude e o entusiasmo com que você apresenta. Eis uma dica: Competências de desenvolvimento pessoal (como atitude, definição de metas e capacidade de ouvir) nunca foram ensinadas na escola. São matérias que você deve aprender e dominar sozinho. Se quer saber o verdadeiro segredo, a melhor maneira de dominar essas competências é ensiná-las.

16. TREINE SEU PESSOAL E A SI PRÓPRIO TODOS OS DIAS. Mesmo que seja apenas 15 minutos por dia. Uma lição nova por dia lhe dará 250 ideias novas e estratégias por ano.

17. ESTABELEÇA UMA PAUTA PARA A REUNIÃO SEMANAL COM SEU PESSOAL E ATENHA-SE A ELA. Torne a reunião divertida. Torne a pauta interessante. E assegure que ela contenha cinco vezes mais informações reais, notícias positivas e treinamento do que *administrivia* (trivialidades administrativas que você poderia ter enviado por e-mail).

18. OUÇA CDS E LEIA LIVROS TODOS OS DIAS. Muitas pessoas de sua equipe passam horas no carro ou em condução a caminho do trabalho. Seu meio de transporte deveria ser uma universidade. Eles deveriam estar ouvindo novas ideias ou estratégias de desenvolvimento pessoal para que, quando chegassem no trabalho, estivessem energizados por novas informações. A melhor maneira de dominar qualquer competência, especialmente de negócios, é praticar no minuto que aprende.

19. GRAVE A SI PRÓPRIO. Grave sua anotações depois de participar de um seminário, grave-se lendo um livro, grave as promessas que faz para os outros, grave suas apresentações, grave suas sessões de treinamento. Depois as assista ou escute. O que você vir ou ouvir irá revelar quem você realmente é em contrapartida de quem você pensa que é. Gravar é a melhor maneira de saber como está e no que deve melhorar.

20. CONTINUE APRENDENDO E TREINANDO. Quanto mais você estuda, melhor consegue ensinar. Quanto mais você treina, mais maestria adquire.

20,5 USE O PODER DO ENCORAJAMENTO. O encorajamento é a melhor maneira de obter resultados. Gritar e ameaçar irá gerar ressentimento e, por fim, rotatividade. O encorajamento criará orgulho e autoconfiança e também proporcionará mais negócios.

Seu você está em busca de um indicador – basta examinar a taxa de rotatividade em sua organização. Se o número for alto, então sua habilidade como *coach* provavelmente é pequena.

O IMPORTANTE A ENTENDER: Se você já praticou algum esporte, sempre irá se lembrar de um treinador que amou. Ele é alguém com quem você ainda mantém contato. Alguém a quem você conta seu progresso. Alguém que você quer que sinta orgulho de você. Quantos de seus antigos chefes ainda mantêm contato com você?

"O *coaching* não é fácil. É isso que o torna tão gratificante. E sua habilidade de ser um *coach*, ou melhor, sua habilidade de dominar a arte do *coaching* é diretamente proporcional a quantos jogos, *quantos jogos de negócios*, você e seu pessoal venceram."

O IMPORTANTE A FAZER: Reserve um tempo todos os dias (mesmo que seja apenas uma hora) para aprender um atributo pessoal de um *coach* vencedor ou um elemento de excelência em *coaching*. Implemente ou desempenhe uma melhor prática. Isso concretiza duas coisas. 1. Você se aprimora. 2. Você documenta uma estratégia de replicação que pode ajudar seu pessoal a melhorar. O velho ditado diz: "Se você quer que seu pessoal melhore, você precisa melhorar". Este ditado é antigo porque é verdadeiro.

Opinião de um *Coach*

Lee Corso é um dos técnicos com "mais derrotas" na história do futebol americano de Indiana.

Seu recorde nos 10 anos de atuação foi 41-68-2. Atualmente, ele é narrador de esportes e comentarista de futebol americano na ESPN. Ele é envolvente e divertido, e usa a si próprio como exemplo de *coaching*. Ele é um vencedor ou um perdedor? Diga-me.

Ele deu uma palestra hoje. As pessoas da plateia, muitas delas líderes corporativos, estavam em busca de uma maneira de passar de gerência e liderança para *coaching*.

Corso usou o modelo de como treinar para transmitir sua mensagem de liderança. E embora ele tenha sido um treinador perdedor, acabou sendo um vencedor assim como muitos de seus jogadores.

Comecei a escrever o mais rápido que podia. Eu queria capturar a essência de sua mensagem e que relação ela teria comigo, e com você. Extraídos de duas páginas de anotações, a seguir estão as lições que considerei mais impactantes. Todas vão fazer você pensar sobre (e talvez repensar) suas próprias estratégias e ações de coaching como líder.

1. TREINE PARA A EXCELÊNCIA. Tendo a excelência como modelo e meta, vencer torna-se mais habitual. Grande parte dos jogadores luta para ganhar o jogo, e não para serem os melhores. Inverta o modelo e você terá a fórmula do sucesso. Primeiro seja excelente e depois se torne um vencedor.

2. TREINE PARA VENCER, NÃO PARA GANHAR DINHEIRO. Se você vencer, o dinheiro o acompanhará. O melhor modelo é sempre jogar para ser o melhor e fazer o melhor. De alguma forma, os melhores jogadores sempre acabam com mais dinheiro. Eles se tornam vencedores porque pensam como vencedores e jogam como vencedores.

3. LÍDERES NEM SEMPRE SÃO RESPONSÁVEIS PELO RESULTADO DE SEUS JOGADORES, MAS SEMPRE SÃO RESPONSABILIZADOS POR ELE. Os treinadores são avaliados pelo sucesso de seus times. É péssimo que esse seja o método de avaliação porque grandes treinadores nem sempre são tão bem-sucedidos em vencer/perder quanto em construir caráter. Corso era um excelente treinador, mas perdeu muitos jogos. O resultado final foi que eles encontraram outro treinador. Corso seguiu em frente para a fama e a fortuna – e ninguém sabe o nome da pessoa que o substituiu.

4. LÍDERES SÃO BACANAS, NÃO FRIOS. Se as coisas não estão funcionando entre você e um de seus jogadores, não o corte. Você pergunta: "Como ele quer resolver isso?". Você transfere a responsabilidade e até mesmo a decisão para a outra pessoa.

5. PRECONCEITO E DESLEALDADE É IGUAL A DESTRUIÇÃO. Se você quer que seu pessoal seja leal a você, primeiro você precisa ser leal a eles. O mesmo serve para seus clientes, você não conseguirá ter lealdade enquanto não oferecer lealdade. Quando a lealdade erode, os alicerces desabam. Veja os profissionais de esportes atuais. Ninguém é mais leal a ninguém. Os fãs não importam e são eles que trazem a receita. Os times não são leais aos jogadores. Os jogadores não são leais aos times nem aos fãs. Observe o futebol ou qualquer outro esporte profissional e você verá que a ganância passou por cima do senso de fazer a coisa certa.

6. COM O RECONHECIMENTO VEM A RESPONSABILIDADE. Conforme você se torna mais conhecido como treinador, sua responsabilidade de se superar aumenta. O oposto de responsabilidade é a culpa. Grandes treinadores elogiam seus jogadores num esforço vitorioso e assumem a responsabilidade pela derrota num esforço perdedor.

7. DEIXE QUE AS PESSOAS CRIEM SUA PRÓPRIA SORTE. Num biscoito da sorte chinês você ganha aleatoriamente o que outra pessoa escreveu. Faça seus próprios biscoitos da sorte. Crie sua sorte escrevendo você mesmo em vez de ler o que alguém escreveu.

8. GANHE DINHEIRO NÃO INDO ATRÁS DE DINHEIRO. Ajude outras pessoas, valorize os outros e você ganhará todo dinheiro do mundo.
Uma das coisas mais interessantes sobre a fala de Corso foi o ambiente em que foi proferida. Um café da manhã num clube de desenvolvimento de negócios. Muito *networking*, muita prospecção, muita interação com clientes atuais e futuros e muitas pessoas novas para conhecer. Em resumo, muita empolgação. Possivelmente a melhor oportunidade de *networking* para negócios que já vi.

Quando Lee Corso subiu ao púlpito, todos já estavam prontos e ansiosos para ouvir o que ele tinha a dizer. Em parte devido a seu *status* de celebridade, mas também porque as pessoas estavam ávidas para aprender.

Como resultado, sua mensagem foi muito transferível. Todos riram nas partes engraçadas e aprenderam nas partes importantes. Eu implementei várias de suas ideias.

Se você já praticou algum esporte, já teve um treinador. Time de futebol juvenil, na escola, na faculdade. Este treinador influenciou seu sucesso. Eu acho mais do que interessante que, quando as pessoas imprimem seus cartões de visita, o treinador já se foi.

Como líder ou empregador, sua maior responsabilidade é treinar e encorajar seu pessoal a ter sucesso. Treine seu pessoal para ser excelente. Treine-o para marcar pontos. Treine-o para vencer.

Se você é vendedor ou empresário, busque um treinador. Encontre alguém que lhe ensine princípios avançados, ofereça conselhos consistentes e o encoraje a vencer.

Quando converso com atletas, eles quase sempre dizem que mantêm contato com seu treinador preferido, ou que vão visitar seu antigo treinador. A razão por que fazem isso é que querem se gabar para seus treinadores sobre como se tornaram bons. "Gabar" pode não ser a melhor palavra – talvez "orgulhar" seja melhor. Mas no fim das contas eles votaram e procuraram este treinador porque ele foi tão influente em seu passado.

Quem volta para visitar você? Se seus funcionários antigos ligam para você e agradecem pelas lições, pelas oportunidades, pelos princípios que proporcionou a eles, então sua competência em *coaching* foi comprovada. Se eles não ligam, talvez você precise encontrar seu próprio treinador.

Um *coach* é alguém que lhe diz aquilo que você não quer ouvir, que faz você ver o que não quer ver, para que você possa ser aquele que sempre soube que poderia ser.

— Tom Landry

Lidando com Vencedores, Perdedores e Medíocres.

Todos amam um vencedor. Um dos aspectos mais negligenciados do tempo de gerenciamento de um líder (que chamo de alocação de tempo) é quanto tempo eles gastam com perdedores e medíocres e deixam de investir em vencedores.

É crítico para você como líder investir tempo naqueles que acredita que podem ajudar mais, produzir mais e realizar mais. Deixe os perdedores de lado e encoraje os medíocres proporcionalmente ao tempo que você investe nos vencedores.

A General Electric tornou-se uma das empresas mais bem-sucedidas e lucrativas do mundo eliminando seus 10% com baixo desempenho anualmente. Embora isso possa parecer um pouco duro, garanto a você que o incentivo aos medíocres é alto.

Não abandone seus vencedores. Faça reuniões com eles. Desafie-os. Encoraje-os. E colabore com eles para ajudá-los a alcançar a excelência.

Assegure que as ferramentas mais modernas de tecnologia estejam à disposição deles e que tenham total liberdade de agir dentro dos limites da empresa e que possam definir seu próprio ritmo para vencer.

Minha experiência mostrou-me que os vencedores começam mais cedo e terminam mais tarde do que os perdedores e os medíocres.

Aqueles com baixo desempenho chegam ao trabalho "na hora" e cumprimentam os vencedores que já estão lá em suas mesas, a toda.

O IMPORTANTE A ENTENDER: Você tem uma quantidade de horas finita em seu dia. A forma como você decide alocá-las irá não só determinar a produtividade, mas também a concretização. Concentre-se em seus melhores funcionários e invista a maior parte de seu tempo neles. Seja o *coach* deles e demonstre sua apreciação. Elogie tanto quanto orienta, treina, delega e desafia. O resto de sua equipe se esforçará mais para entrar no clube.

O IMPORTANTE A FAZER: Identifique as características de cada vencedor de sua equipe. Reúna-se com eles para entender claramente o que os faz ter sucesso. Com isso, na realidade você pode ajudá-los a entender por que são vencedores. Você também pode descobrir que muitos de seus vencedores têm características em comum – não apenas um impulso interior ou um fogo interior, mas também uma profunda convicção e paixão pelo que fazem e por que fazem. Pegue essa informação e comece a compartilhar aos poucos com aqueles que estão lutando para serem vencedores, mas ainda não chegaram lá.

Equipe ou Família?

Sempre que pergunto a um líder quantas pessoas há em seu grupo, ele responde com um número e a palavra "equipe". "Tenho 17 pessoas em minha equipe."

Às vezes eles dizem "Sou responsável por uma equipe de 21". Sempre gosto quando um líder inclui a palavra responsável em qualquer afirmação porque ela indica sua forma de pensar – e como ele vê seu papel como líder. Um líder responsável.

Sou empresário desde 1960. Sempre me considerei um empresário em vez de um empreendedor. Provavelmente porque meu pai foi um empresário e minha mãe uma empresária, e a maior parte de nossa família e amigos sejam empresários.

Como resultado dessa exposição, sempre considerei minha empresa um negócio familiar e sempre tive membros da família envolvidos na empresa. Nunca achei que tivesse uma equipe de pessoas. Eu tive (e continuo tendo) uma família.

Não sei quantos líderes ou empresários pensam assim. Mas descobri que usar a expressão "pensar como família" em vez de "pensar como equipe" torna a coisa muito mais pessoal e eu tendo a agir mais como alguém da família do que como chefe.

A seguir estão 4,5 exemplos de "pensar como família" em minha empresa:

1. OS BENEFÍCIOS BASEIAM-SE NO QUE EU PROPORCIONARIA PARA MINHA FAMÍLIA.
Plano de saúde e odontológico. Seguro de vida. Seguro de automóvel. São os mesmos benefícios que eu daria a meus filhos, então eu os dou para o resto da família.

2. TODOS COMEM.
Na geladeira de sua casa, você não coloca uma moeda para pegar um refrigerante. Você simplesmente pega. O mesmo acontece na minha empresa. A comida é grátis. E não apenas para nossa família – também para a família de pessoas que nos prestam serviços. O técnico da copiadora, o entregador da FedEx e a copeira. Todos sabem que há comina no Buy Gitomer e que são mais que bem--vindos para se servirem.

3. COMEMORAÇÕES EM FAMÍLIA.
Aniversários e ocasiões especiais criam oportunidades para a família se reunir (muitos ficam em escritórios separados o dia todo) e celebrar. É um momento descontraído em que as pessoas podem se conhecer como seres humanos, não apenas como colegas de trabalho.

4. BENEFÍCIOS DE QUALIDADE DE VIDA. Todo funcionário têm o direito de frequentar sem ônus a academia local. Isso tem duas finalidades. Primeiro a oportunidade de todos na empresa serem e permanecerem saudáveis. E segundo é parte de meu compromisso contínuo em ajudar a cidade de Charlotte.

4,5 O CLIMA É DESCONTRAÍDO. Não somos uma empresa de computadores. As pessoas são responsáveis por sua própria produtividade. As pessoas são responsáveis por suas horas de trabalho e são responsáveis por suas tarefas – sem protocolos para atrapalhar.

O IMPORTANTE A ENTENDER: Não importa se você chama seu pessoal de equipe ou família, como líder você tem a responsabilidade de criar o clima interno em seu escritório ou ambiente de trabalho. E o meu é de descontração, em que as pessoas se sentem em casa e podem pegar alguma coisa para comer quando sentem fome.

O IMPORTANTE A FAZER: Avalie a situação atual das pessoas de sua equipe. O que você acha que elas sentem sobre ir ao trabalho todos os dias? Como elas interagem entre si? Há alguma coisa que você poderia fazer para melhorar o que elas sentem sobre a empresa e aumentar o tempo produtivo delas? ATENÇÃO: Talvez você precise gastar um pouco mais para fazer isso acontecer, mas asseguro a você que é um dinheiro bem investido.

Algumas Pessoas Querem uma Equipe. Outras Não.

Líderes têm um grupo de pessoas pelo qual são responsáveis. E embora todas trabalhem para o mesmo grupo ou a mesma empresa, elas podem não se ver como membros de uma equipe. Elas se veem como indivíduos que trabalham para uma empresa, mas não necessariamente querem trabalhar com outras pessoas.

Vendedores são sempre considerados uma equipe. Mas a realidade é que eles não atuam bem em grupo. Eles na verdade competem entre si para ver quem se sai melhor e secretamente esperam que a pessoa que trabalha a seu lado desista, seja demitida ou peça demissão para que eles possam ficar com as contas dela. As pessoas que trabalham com TI raramente se sentam juntas para conversar. Em vez disso, elas vêm trabalhar com fones de ouvido e raramente se socializam umas com as outras.

O IMPORTANTE A ENTENDER: A filosofia de liderança gira em torno de como você e seu pessoal se sentem sobre o que acontece. Consulte a opinião deles. A ação de liderança gira em torno de como você espera que cada pessoa trabalhe e produza o resultado final desejado.

O IMPORTANTE A FAZER: Obviamente, a força de uma equipe é melhor do que a de um punhado de pessoas separadas. Equipes de cachorros vencem corridas; gatos brincam bem juntos. Se você tem um punhado de cachorros e gatos em sua equipe (e talvez algumas mulas), identifique-os e atribua tarefas de acordo.

FORÇA 6

(A NOVA) LIDERANÇA SITUACIONAL

A força e o entendimento para separar a tarefa da pessoa, e para identificar o quanto preparado, disposto e capaz cada membro da equipe está para aceitar tarefas entusiasticamente e sempre se empenhar e fazer o melhor.

Modelo de Liderança Situacional® de Hersey Liderança Situacional 2010-2020

Por Paul "Doc" Hersey e Ron Campbell

NOTA DO AUTOR: Estou incluindo o Modelo de Liderança Situacional® de Hersey porque é o melhor (de longe) processo voltado para tarefa a fim de atingir o sucesso. A maior parte deste livro trata de "você", o líder, não do seguidor ou da "tarefa". Mas a verdade é que todos eles estão interligados. O Centro de Estudos de Liderança e a equipe de Paul Hersey concordam com meu pensamento e proporcionaram uma breve ideia da relação bem-sucedida entre você, o líder, o seguidor e a tarefa. E eu me sinto honrado em incluí-la e insisto que você tire proveito dela.

Seria ótimo poder sentar com você para compartilhar pessoalmente o Modelo de Hersey. À medida que lê, pense sobre as vezes em que sua liderança funcionou, quando você esteve na "zona de liderança". O Modelo de Hersey foi construído para ajudá-lo a encontrar rapidamente esta zona.

Há uma razão para o modelo ter durado décadas e reverberado para dez milhões de líderes ao redor do mundo: *ele faz sentido, é fácil de entender e de aplicar e FUNCIONA!* O modelo reflete as melhores práticas dos verdadeiros líderes e é rico em competências que podem ser facilmente aprendidas e usadas diariamente para atingir o sucesso.

NOTA: O Modelo de Liderança Situacional® de Hersey baseia-se em sólidas pesquisas e décadas de história de sucesso. Entre em contato com o Centro de Estudos de Liderança e teremos o maior prazer de compartilhar com você a pesquisa que contribuiu para o desenvolvimento do modelo (www.situational.com).

Para estar adequadamente alinhada com este livro, a ênfase desta lição será em você – no que acontece naquele momento de influência. Como você interpreta rapidamente a situação e avalia com precisão a habilidade da outra pessoa de ter um desempenho de sucesso? De quais comportamentos influenciadores você precisa para ajudar as pessoas a terem sucesso?

A seguir estão três competências que você deve dominar:

COMPETÊNCIA 1: IDENTIFICAR UMA TAREFA ESPECÍFICA.

Decidir e definir o que precisa ser feito. Parte desta competência diz respeito a comunicar o que precisa ser feito de uma maneira que o seguidor entenda o que você quer. Com frequência ouvimos as pessoas expressarem isso como "falar a mesma língua".

EIS UM EXEMPLO: Você identificou que a TAREFA é redigir uma proposta para o cliente. Vamos escolher um membro de sua equipe, a Paty. Ela acabou de procurar você empolgada. Foi o cliente dela que solicitou uma proposta escrita. A entrega desta proposta não é muito urgente e ela já havia expressado anteriormente o desejo de aprender esta competência.

O que temos aqui é uma excelente oportunidade para aprimorar as habilidade de Paty e mantê-la altamente engajada.

COMPETÊNCIA 2: DIAGNOSTICAR QUE DESEMPENHO O SEGUIDOR PRECISA PARA ESTA TAREFA.

A questão é: O quanto Paty está pronta para redigir a proposta? Você não precisa ser extremamente preciso. Classificações como baixa, média, alta, são boas referências. CUIDADO: É importante entender que qualquer que seja sua decisão sobre o preparo dela para redigir a proposta, isso só vale para esta proposta. Considere uma outra tarefa dela – interação com clientes ou gestão de contas – e seu diagnóstico será totalmente diferente.

Estar pronto muda de tarefa para tarefa. Só porque uma pessoa tem alto nível de desempenho numa tarefa, isso não significa que esteja pronta para a próxima. Um e-mail ou uma ligação pode mudar o quão pronta a pessoa está. Interações com colegas de trabalho, problemas familiares ou a saúde de um filho podem afetar o desempenho. É fácil ver como uma distração pode afetar a habilidade de uma pessoa e até mesmo a disposição dela de se concentrar na tarefa em mãos.

Sempre diagnostique com base no aqui e agora. Você pode tomar decisões sólidas sobre o que eles precisam de você para desempenhar uma tarefa no momento, e seja flexível se as condições ou circunstâncias mudarem.

COMPETÊNCIA 3: APLICAR A MELHOR COMBINAÇÃO COMPORTAMENTOS DE TAREFA E DE RELACIONAMENTO DO LÍDER.

Esta é a chave para resultados de sucesso. Vamos separar esta terceira competência por palavras.

Comece com *aplicar*. O Modelo de Liderança Situacional® de Hersey foca no comportamento, não na intenção. Portanto, esta competência diz respeito a quão bem você usa – ou aplica – seus comportamentos para causar impacto na habilidade de uma pessoa para desempenhar uma tarefa.

Combinação é um mix, uma mescla de Comportamentos de Tarefa e de Relacionamento. Sem deixar nenhum de fora, você pode usar quantidades pequenas ou grandes de cada um para criar a melhor combinação.

Comportamento de Tarefa é o quanto, quem, o quê, quando, onde e como você *precisa* proporcionar para que o seguidor desempenhe a tarefa. (Preste atenção especial na palavra "precisa" na frase anterior.) *Comportamento de Relacionamento* é uma comunicação bidirecional, elogio, encorajamento, falar sobre o porquê, proclamar e construir confiança. A decisão diz respeito a selecionar que tipo de comportamento de relacionamento será o mais significativo para o seguidor nesta tarefa.

Vamos aplicar isso a Paty e à redação da proposta. Como esta é a primeira dela, você precisara proporcionar o quê, quando, e como. (Grande quantidade de Comportamento de Tarefa.) Haverá explicações do porquê será necessário proporcionar isso. Paty terá perguntas, então haverá uma quantidade considerável de comunicação bidirecional. Com um pouco de encorajamento de sua parte, o aprendizado será envolvente. (Grande quantidade de Comportamento de Relacionamento.)

EIS OUTRO EXEMPLO: Paty foi até sua sala e perguntou se você tem um momento para falar com ela. Um cliente acabou de ligar para ela e pediu uma modificação completa no processo de pedido deles. A mudança é crítica para eles, e eles precisam que a mudança seja feita até amanhã ao meio-dia. Paty conhece bem o processo deles.

A seguir está como usar as três competências harmonicamente para este exemplo:

COMPETÊNCIA 1: IDENTIFICAR A TAREFA
Modificar o processo de pedido para um cliente.

COMPETÊNCIA 2: DIAGNOSTICAR
Paty conhece muito bem o processo atual do cliente. Ela já trabalhou em duas modificações semelhantes recentemente, e ambas foram concluídas de acordo com as especificações e no prazo. Ela tem as competências para fazer a modificação. Sinceramente, você está surpreso com a reação de Paty e pergunta: "Paty, qual é sua dificuldade em relação a esta modificação? Ela responde: "O tempo!".

COMPETÊNCIA 3: APLICAR A MELHOR COMBINAÇÃO COMPORTAMENTOS DE TAREFA E DE RELACIONAMENTO DO LÍDER

Paty não precisa de orientação passo a passo para fazer a modificação. Ela já demonstrou anteriormente sua competência. A pergunta do líder (sua) foi um excelente começo no uso do Comportamento de Relacionamento para influenciar Paty. Se o líder continuar perguntando (Alto relacionamento): *Essa é mais complicada do que as outras duas que você fez tão bem? Quanto tempo esta vai tomar? Quanto tempo as duas anteriores tomaram? Você precisa de algum recurso de suporte? Você precisa de um plano B?*

Se as respostas para essas perguntas vierem de Paty, ela perceberá que consegue lidar com a situação e o líder poderá delegar. (Baixo Relacionamento e Baixa Tarefa). Se Paty não conseguir responder as perguntas ou responder com pouco encorajamento (Alto Relacionamento e Alta Tarefa), o líder pode se envolver um pouco mais e oferecer algum suporte para o cumprimento do prazo. (Alta Tarefa e Alto Relacionamento). Um dos excelentes aspectos do Modelo de Liderança Situacional® de Hersey é o quanto flexível e responsivo você pode ser em relação às necessidades do seguidor. Isso é liderança no momento.

Então, o que é preciso para alcançar uma influencia eficaz e o cumprimento da tarefa com um resultado positivo?

A resposta é simplesmente aplicar o Modelo de Liderança Situacional® de Hersey com Atitude Resiliente! A liderança diz respeito a sua habilidade de lidar com os outros para que as coisas sejam feitas com sucesso. É igualmente importante manter essas pessoas conectadas positivamente a você como líder da organização – é exatamente aí que ter uma liderança resiliente e uma postura resiliente é importante para o resultado. É responsabilidade do líder não só fazer com que as coisas sejam feitas com sucesso, mas também manter os seguidores engajados, prontos e ávidos para a próxima tarefa. Este é o valor da liderança.

NOVAS DESCOBERTAS: Acrescentar Atitude YES! e resiliência de liderança ao Modelo de Liderança Situacional® de Hersey eleva o processo nesta década para a NOVA Liderança Situacional 2010-2020. Esses dois elementos proporcionam ao Líder Situacional atual e ao novo Líder Situacional uma vantagem competitiva e uma vantagem para vencer.

Pronto, Disposto, Apto, o Melhor

Todo líder se considera pronto, disposto e apto. E todo líder quer que seu pessoal ou sua equipe estejam prontos, dispostos e aptos. Se eu perguntar se você está pronto, disposto e apto – provavelmente você responderia "sim".

Alguns de vocês responderiam enfaticamente "YES!"

NOTA: Existe uma pegada. Embora as pessoas, tanto líderes como seguidores, estejam prontas, dispostas e aptas – não há garantia de que vão dar tudo de si ao receberem uma tarefa ou uma oportunidade de agir.

Um dos aspectos mais interessantes e uma das partes menos mencionadas do agir e/ou fazer é o desejo, *seu* desejo, de fazer tudo com o máximo de empenho. Isto é, fazer tudo no nível do "melhor".

Tarefas pequenas, tarefas grandes, tarefas competitivas e tarefas passivas todas devem ter (no fim da tarefa) a palavra MELHOR, e seu pensamento deve ser "Dei o melhor de mim".

Você já foi a algum restaurante (ou qualquer outro estabelecimento) onde o serviço foi deplorável, e depois que reclamou, a pessoa que o atendeu disse "Estou fazendo o melhor que posso"? E seu pensamento disse "Está me gozando?".

Quando alguém diz que está fazendo o melhor que pode geralmente isso significa o contrário, não é mesmo?

É melhor nunca DIZER "Estou fazendo o melhor que posso". Em vez disso, simplesmente FAÇA o melhor que pode e você nunca terá que dizer isso, o resultado falará por si.

É muito difícil definir "MELHOR" por escrito; mas é fácil causar reação e sentir quando você faz. É uma dedicação pessoal e uma ética profissional, não uma palavra.

Após cada *base-on-balls* (andar), o imortal do beisebol Pete Rose CORRIA para a primeira base. O ÚNICO jogador que sabia fazer isso. Todas as 1566 vezes que andou, ele correu. Isso é MELHOR. Ah, e ele também fez 4256 rebatidas válidas, e era conhecido por sua manobra para estender corridas únicas em duplas. Ele também é o recordista de todos os tempos em *duplas*. Não é mera coincidência.

Não importa onde você está na cadeia alimentar de liderança ou de seguidores, melhor não é uma opção. Melhor é um modo de vida. Começa com pensamentos melhores.

Em liderança, *melhor* também é o exemplo que você dá e estabelece para os outros. Seu pessoal atuará no seu melhor nível tanto quanto eles atuariam no melhor nível deles.

Michael Jordan é o dono do time de beisebol da NBA Charlotte Bobcats. Ele fica sentado na ponta do banco assistindo a cada jogo. Como você acha que seus jogadores se sentem sobre dar tudo de si e fazer o melhor sabendo que o cara ali é possivelmente O MELHOR? Você acha que isso eleva o nível de jogo deles?

Quem está sentado na ponta do seu banco? Quem está elevando seu nível de jogo? Quem está inspirando você a dar o melhor de si no jogo? E o que você está fazendo com respeito a isso?

O IMPORTANTE A ENTENDER: Pessoas que estão fazendo o melhor ficam em evidência, assim como ficam igualmente evidentes as pessoas que não estão. Não importa onde você está na cadeia alimentar de liderança ou de seguidores, melhor não é uma opção. Melhor é um modo de vida. Começa com pensamentos melhores.

O IMPORTANTE A FAZER: No decorrer dos próximos 30 dias, designe cada tarefa e delegue tudo que for possível para quem você considera melhor para uma determinada tarefa. Isso será difícil fazer porque frequentemente existem outras pressões e políticas internas que desafiarão esse processo, mas, ao selecionar as melhores pessoas, você assume que a avaliação da concretização e do resultado final de cada tarefa estará no nível mais alto. Isso também deixará evidente quem são seus melhores jogadores e quem precisa ser rebaixado para ligas do segundo escalão.

Entusiasmo Pessoal e Entusiasmo pela Tarefa

Quando você entende que uma pessoa entusiasmada pode não estar tão entusiasmada pela tarefa que recebeu, você percebe que existe uma diferença, uma grande diferença, entre uma pessoa entusiasmada e sua disposição de se sentir igualmente entusiasmada pela tarefa que você delegou, a atribuição que designou ou a regra que implementou.

Há 35 anos, quando ouvi Earl Nightingale me dizer que a palavra *entusiasmo* vinha do grego "entheos" (que significa "deus interior"), mudei toda minha forma de pensar ao perceber que crio meu próprio entusiasmo, e que não posso depender de outras pessoas ou coisas para criá-lo para mim.

O IMPORTANTE A ENTENDER: O entusiasmo é contagioso. Seja pela presença ou pela ausência. Quanto mais entusiasmado você é como líder, maior é a probabilidade de seu pessoal ser entusiasmado – mais prontos e dispostos eles estarão para aceitar qualquer tarefa que você designe.

O IMPORTANTE A FAZER: Torne-se entusiasmado primeiro. Combine isso com sua atitude positiva, sua atitude YES!, sua competência de apresentação instigante – e seu pessoal será mais receptivo, mais produtivo e se sentirá melhor.

FORÇA
7
DE LIDERANÇA EM MENSURAÇÃO

A força de assegurar que você mede
o desempenho e o resultado para
o autoaprimoramento e para o
aprimoramento da equipe.

Líderes de Vendas São o Exemplo Clássico de Resultados Medidos

Por mais de 20 anos, estive diretamente envolvido com o grupo de líderes mais voltado para resultados e para medição de resultados. Eles são os homens e mulheres que lideram equipes de vendedores.

Eles estão sob a maior pressão por "resultados". Há a liderança executiva de cima, mandando vender mais, vender mais, vender mais. Há pressão para proporcionar novas receitas para que suas empresas lucrem e prosperem. E há a pressão de baixo para liderar e encorajar suas equipes de vendas para que atinjam ou superem suas metas de vendas, para que as metas de suas empresas sejam atingidas e os planos possam ser executados.

Quando você pensa sobre a citação "Nada acontece enquanto uma venda não é feita", você entende a verdadeira necessidade de execução pelo líder de vendas E, por fim, da medição de suas ações e resultados.

Nunca deixo de me surpreender com os executivos de grandes corporações, que vão aos principais programas de entrevista, por nunca nem mesmo reconhecer (quanto mais agradecer) o trabalho duro de seu pessoal de vendas ou dos líderes de venda que tornou a aparição destes executivos possível.

O IMPORTANTE A ENTENDER: Nem toda liderança é claramente medida. E nem todos os líderes querem ser medidos ou avaliados. Se você aplicar as lições de vendas e liderança de vendas, conseguirá revelar aspectos de sua liderança, suas tarefas e suas metas que podem e deveriam ser medidos – não apenas como um boletim de sua equipe, mas um boletim de sua capacidade atual.

O IMPORTANTE A FAZER: Se você quer medir os resultados de sua liderança, encontre um líder de vendas em sua empresa (ou em qualquer empresa) e converse com eles sobre como contratam, como treinam, como instruem, como definem metas, como atingem metas, como comemorar seu sucesso e, é claro, como medem cada aspecto de seus processos e desempenho.

Medindo Resultados

Minha empresa de treinamento *on-line* usa a Escala de Kirkpatrick para medir resultados de treinamento. Para grandes clientes corporativos que querem combinar a medição com o ROI, usamos o Método de Cinco Níveis de ROI, de Jack Phillips. Os primeiros quatro níveis são de Kirkpatrick, e o quinto (Phillips) é o ROI – onde vinculamos a mudança de comportamento e resultados pós-treinamento com a métrica financeira sobre a qual concordamos e com base em dados do cliente.

Medir com base em resultados de treinamento não é mais uma opção.

Os quatro níveis do modelo de avaliação de treinamento (aprendizado) de Kirkpatrick medem essencialmente:

- **REAÇÃO DO ALUNO.** O que eles pensam e sentem sobre o treinamento.
- **APRENDIZADO.** O aumento de conhecimento ou capacidade resultante.
- **COMPORTAMENTO.** Extensão da melhora do comportamento e capacidade e implementação/aplicação.

- **RESULTADOS.** Os efeitos na empresa ou no ambiente resultantes do desempenho do aluno.

Todas as mensurações de Kirkpatrick são recomendadas para uma avaliação completa e significativa do aprendizado nas organizações, embora sua aplicação possa aumentar a complexidade da medição, e geralmente do custo, ao longo dos níveis de aprendizado e processo de implementação.

Algumas coisas são fáceis de medir. A tarefa foi executada no prazo? Foi executada corretamente? A qualidade do trabalho foi boa? E quais foram os custos associados, ou mesmo o retorno sobre o investimento? Qual foi a lucratividade?

Mas existem muitas outras formas de medir além da escala de Kirkpatrick ou o Método de Cinco Níveis de ROI de Jack Phillips. Especialmente se você deseja medir o resultado de uma tarefa e o desempenho do funcionário.

Como líder, sua função é medir os intangíveis também:

- **Qual era o resultado que eu esperava?**
- **A tarefa foi cumprida no prazo?**
- **Como as pessoas que realizaram a tarefa responderam?**
- **Como foi o desempenho das pessoas que realizaram a tarefa?**
- **Foi um uso valioso do nosso tempo?**
- **Foi um uso valioso do meu tempo?**
- **Devemos continuar?**
- **Devemos fazer isso de novo?**
- **O que aprendemos?**
- **Valeu a pena?**

- **As pessoas foram cooperativas?**

- **Como se sentiram quando a tarefa foi concluída?**

- **Como esta tarefa os ajudou a aprender mais?**

- **Como esta tarefa irá ajudá-los no progresso de suas carreiras?**

- **Qual foi o fator de satisfação de cada pessoa?**

- **Como foi a cooperação e a colaboração das pessoas de minha equipe para que a tarefa fosse concluída?**

Dica do Git GRÁTIS... Se você quer minha lista sucinta (mas certamente incompleta) de escalas de mensuração e dispositivos que pode usar, acesse www.gitomer.com e digite a palavra MEASUREMENT na caixa GitBit.

O IMPORTANTE A ENTENDER: Medir não diz respeito apenas à escala de Kirkpatrick ou ao ROI ou a alguma outra mensuração. É também sua simples tarefa de escrever. "O que fizemos?" e "Como fizemos?" e "O que aconteceu como resultado?". NOTE BEM: Medir tem muito a ver com resultado (lucro, ânimo e impacto) assim como investimento. O que aconteceu e que novas oportunidades o resultado criou?

O IMPORTANTE A FAZER: Crie uma lista de perguntas que incluem SUA medição de cada tarefa, projeto ou evento. Reveja essas respostas e resultados com as principais pessoas envolvidas e desenvolva planos de melhoria de acordo com o necessário.

Medindo a Si Próprio: A Estratégia 360. Inteligente ou Bu..., Menos Que Perfeito?

Sob uma perspectiva conceitual, a avaliação 360 parece fenomenal. Como líder, você fica aberto a *feedback* bom e ruim, prático e inviável, dócil e hostil, elogioso e insultante. Deve ser uma oportunidade de aprimoramento e um processo essencial nas empresas e governos atuais.

POR ALTO: A avaliação 360 proporciona uma comunicação plena a todos numa equipe ou numa empresa e uma via para o líder reagir e responder. Também dá ao líder a oportunidade de oferecer o mesmo *feedback* a seu pessoal e obter a resposta dele.

POR BAIXO: Gostaria de receber 10 centavos por cada avaliação 360 ou documento resultante que nunca foi posto em prática depois de concluído. Com cada moedinha desta, eu hoje seria multimilionário. Teria ganhado na loteria.

SITUAÇÃO: Muitos líderes ficam na defensiva quando desafiados. Outros são receptivos, mas não fazem nada a respeito – não estão dispostos a mudar ou a agir. Outros ainda ficam ressentidos só por ter de passar pelo processo.

Uma pequena porcentagem dos avaliados são receptivos e responsivos. Estão dispostos a melhorar E agem para provar sua disposição.

Não sei a porcentagem exata, mas ninguém sabe também. E se alguma empresa afirma que sabe, estão chutando.

SMART 360: Susan Cordts, presidente e CEO da Adaptive Technologies Inc., criou um PROCESSO de avaliação completo que pode funcionar. E curiosamente ela o chama de "Smart 360". É um método que pela primeira vez associa todas as respostas da avaliação 360, boas ou ruins, a um programa de treinamento. Isso pode parecer óbvio para você, mas no momento é inexistente em todas as outras avaliações 360.

Existe um outro problema importante que parece seguir a linha deste livro: A porcentagem de avaliados 360 dispostos a agir em relação a suas dificuldades aumentaria em 10 vezes se eles se dispusessem a fazer um curso sobre atitude antes de ler o relatório de sua avaliação.

REALIDADE: 360 não é uma avaliação – é uma estratégia. Uma vez concluída a avaliação, é necessário AÇÃO. Ações de aprimoramento e realização. Você está entre os dispostos?

Dica do Git GRÁTIS... Se você quiser saber mais sobre como a Smart 360 funciona, acesse www.gitomer.com e digite a palavra SMART 360 na caixa GitBit – ou visite o site de Susan em www.adaptiveinc.com.

FORÇA 8

DE LIDERANÇA EM OPORTUNIDADE

A força de reconhecer a "mudança" como uma "oportunidade" – e a visão de tirar proveito dela.

A Crise É o Melhor Momento para Efetivar a Mudança

O que está acontecendo com seu mundo pessoal?
O que está acontecendo com seu mundo de negócios?
O que está acontecendo com seu mundo de liderança?

A mudança está no ar. Você pode senti-la como um dia típico de outono. Você pode quase cheirá-la.

A PERGUNTA É: Como você vai reagir a essa mudança?

A PERGUNTA IMPORTANTE É: Você entende que mudança significa oportunidade?

A PERGUNTA MAIS IMPORTANTE AINDA É: Como você vai tirar proveito dessa oportunidade?

Estamos atravessando uma crise. Alguns a definem com outras palavras como recessão, desaceleração, mas as medidas que nós, como povo, e o governo tomarmos nos próximos meses irão moldar nosso mundo nesta nova década.

Algumas pessoas estão esperando para "ver o que acontece". Grande erro. Existem três tipos de pessoas – as que fazem as coisas acontecerem, as que assistem as coisas acontecerem e as que não sabem o que está acontecendo. Qual delas você é?

ANOTE: Você não pode mudar as coisas NO mundo, mas pode mudar as coisas no SEU mundo.

Agora é o momento perfeito para mudar sua situação, e assumir uma posição maior de autoliderança. Agora é o momento perfeito de assumir o controle de si próprio – de seus pensamentos, suas expressões e suas ações.

Se você está liderando uma equipe de vendedores (também conhecidos como geradores de receita), agora é a hora de você encorajá-los a VENDER – vender melhor e com mais paixão do que jamais fizeram. Faça com que seus vendedores comecem pelos clientes atuais, atendendo de maneira tão fenomenal que eles acabem comprando mais e indicando você para outros. Esta não é uma mudança com qual você consegue "viver" – é uma mudança com a qual você consegue sobreviver, até prosperar. Não preserve sua mesa e seu emprego. Preserve seus clientes. Eles são sua força vital.

REALIDADE: Para mudar o que quer que você estivesse fazendo antes, você deve intensificar seus esforços.

TRADUÇÃO: Para efetivar essa mudança, trabalhe mais duro e de maneira mais inteligente do que já faz, e faça isso com uma atitude positiva e dedicada.

EIS O SEGREDO: A mudança externa facilita a mudança interna.

Neste momento, muitas pessoas em nossa sociedade estão buscando respostas – ou, melhor dito, ESPERANDO respostas.

O que você está esperando?
O que você está buscando?
O que você está fazendo?

Neste momento que vivemos existem três climas:

- **De medo e raiva.** Tornar-se amargo, não melhor.
- **De esperança e ansiedade.** Esperar em vez de fazer.
- **De antecipação positiva e determinação.** Ir a luta e fazer.

Em que clima você está?

ESPERANÇA: Conforme viajo pelos Estados Unidos, tenho notado que existe um senso renovado de amizade e patriotismo. Um senso de união que jamais testemunhei. Existe uma disposição entre muitos de melhorar as coisas e de trabalhar mais arduamente. E claramente, existe um senso renovado de urgência.

Existe medo, frustração e desapontamento. Mas não tanto quanto você possa estar ouvindo ou lendo. (**DICA:** Eles raramente mostram coisas boas na TV.) A chave é não sentir raiva. A raiva afeta sua atitude, sua capacidade de pensar com clareza e com criatividade e sua habilidade de enxergar respostas melhores e a melhor oportunidade para você.

Certamente você quer estar seguro, mas considere aqueles que pagam seu salário, aqueles que você serve e aqueles ao seu redor. Eles também foram afetados. E a resposta deles para a mesma situação provavelmente será diferente da sua.

PROBLEMA: Grandes empresas estão buscando se manter lucrativas. Estão fazendo isso à custa de seus empregados e dos serviços que oferecem. Empresas aéreas e fabricantes de automóveis estão chorando – não atendendo melhor ou aumentando a qualidade. Eles estão cortando tudo e todos, e pedindo dinheiro. O ânimo está no fundo do poço, juntamente com o serviço. ENORME erro.

RESPOSTA FÁCIL: Dobre sua oferta de serviços.

REALIDADE: As pessoas estão procurando se aproximar, encontrar um laço, encontrar respostas. As pessoas querem que o país se manifeste e vença. O patriotismo está galopante. (Qual foi seu ato PROATIVO mais recente de patriotismo?) Não é apenas saudar a bandeira e cantar o hino nacional. É olhar a história e ver como superamos adversidades anteriores e tentar descobrir e trabalhar em prol de resultados positivos no futuro.

ACORDE: Agora é o momento para amizade, e amizade em si representa mudança que torna outras mudanças possíveis. Agora é o momento de servir, e serviço em si pode deixar as outras pessoas querendo fazer negócios com você sempre, não apenas em momentos economicamente desafiadores.

SUA CRISE: Em algum momento, todo líder enfrenta algum tipo de crise. Um declínio na atividade econômica. Um arrocho financeiro. Um incêndio. Uma enchente. Uma morte. Um acidente. Algo que dá errado. Quando essas situações ocorrem, elas pedem uma verdadeira liderança. Com pouco tempo para pensar, espera-se que haja um plano porque é preciso entrar em ação. Uma ação decisiva.

É aí que seu verdadeiro caráter pode brilhar de uma forma que será lembrada para sempre. Este é um momento em que suas ações e suas ordens sempre serão lembradas, independentemente do resultado.

Quando ocorrem situações de crise, sua avaliação mental deve ser instantânea. É aí que entra sua resiliência. É quando você permanece calmo e confiante, pronto para decidir, delegar e fazer.

Como líder, você deve ficar no meio do combate e ajudar os outros a fazerem suas partes, mantendo sua posição de liderança, mas disposto a se envolver e agir ativamente.

O IMPORTANTE A ENTENDER: As crises surgem em duas formas: Já passei por isso antes OU isso é completamente novo. A irmã da crise é a emergência, geralmente de ordem médica, e requer atenção imediata e acompanhamento pessoal. Se estiver vivenciando algo pela primeira vez, considere opções imediatas e (se possível) encontre alguém que colabore com você para assegurar que seu raciocínio está claro e consistente antes de agir. Se já tiver vivenciado a situação antes, deixe que sua resiliência entre em ação e que sua sabedoria assuma o comando.

O IMPORTANTE A FAZER: Faça uma lista de telefones de emergência de todos que precisem ser acionados e para tudo o que possa acontecer. Assegure que todos em sua equipe tenham a lista. Não deixe de incluir o telefone celular de todo mundo. Em situações de emergência, a comunicação imediata é um fator-chave na determinação do resultado.

Mudança não é uma palavra de cinco letras... mas geralmente sua reação a ela é!

−Jeffrey Gitomer

Socorro – Estamos Crescendo. Socorro – O Mercado Está Mudando. Socorro – A Economia Está Afundando. Socorro – Estamos nos Fundindo. Socorro – Meu Orçamento Foi Cortado. Socorro – Mudança!

Quando grandes empresas investem no crescimento, os resultados são sentidos pelas pessoas que ajudaram a empresa a crescer ou a mantê-las grandes ou as ajudaram a ficar ainda maiores.

Seja a economia, uma fusão, uma "mudança no plano da empresa" (também conhecido como revisão de salários), ou o lançamento de um novo produto, as coisas mudam diariamente no mundo dos negócios.

Quero abordar alguns dos elementos da mudança, reconhecer sua realidade, e no processo trocar o nome da situação por um que seja mais fácil de compreender para aqueles que estão na ponta recebendo. Você.

A mudança ocorre seja por ganância, seja para tirar proveito de uma oportunidade, ou por crescimento corporativo, ou por evolução para um modelo melhor, ou por forças econômicas externas ou por condições econômicas internas ou para agradar Wall Street (cortar custos e aumentar os ganhos) ou por modernização ou por inovação. E eu mencionei ganância?

Tira-gosto da realidade.

"Tivemos de tomar algumas decisões duras" significa que um martelo está prestes a cair na sua cabeça.

"Hoje estamos anunciando a fusão com..." significa que todo o mundo vai entrar no modo pânico sobre seu emprego.

Mudanças implementadas pelas razões mencionadas acima geralmente trazem uma queda do ânimo na empresa. Especialmente se a gerência não estiver comunicando da forma adequada. O ânimo em baixa leva a baixa produtividade, falta de resposta no atendimento e por fim a perda de clientes.

Existem diferentes maneiras de se olhar a mudança.

No lado negativo:

- **Mudança elimina.**
- **Mudança extingue.**
- **Mudança esconde ou evita a verdade.**
- **Mudança desaponta.**
- **Mudança é amedrontadora.**
- **Mudança diminui o ânimo.**

No lado positivo:

- **Mudança é refinamento.**
- **Mudança é crescimento.**
- **Mudança é movimento.**
- **Mudança é adquirir.**
- **Mudança é modernizar.**
- **Mudança é oportunidade.**

Para ser eficaz e trazer resultados positivos, a mudança deve ser comunicada pela liderança de maneira objetiva – não é *enxugamento* ou *redimensionamento* – é demissão e eliminação de postos – e declarando em seguida a VERDADEIRA razão – não ter lucro suficiente – duplicação de cargos numa fusão – poucas vendas. Infelizmente, isso raramente é feito.

A seguir estão a realidade, a solução e algumas regras pessoais de como você reage à mudança:

MANTENHA SUA ATITUDE EM ALTA: Em vez de dizer "Isso é horrível" crie um plano para o que pode ser feito. Crie um plano para o que você pode fazer. Se nada puder ser feito, ou o que pode ser feito vai contra seus ideais, crie um plano para sair.

MANTENHA SEUS PENSAMENTOS FOCADOS EM DAR O MELHOR DE SI: Nas fusões ou em tempos de desaceleração da economia, as empresas mantêm seus MELHORES funcionários. Dê o melhor de si. Em vez de "esperar para ver o que acontece", decida fazer o melhor possível, pergunte como pode ajudar e esteja à frente. Defina um exemplo positivo e trabalhe o mais duro que puder, para que, independentemente do que aconteça, você sempre possa dizer que deu o melhor de si até o último minuto do último dia.

MANTENHA SUA MENTE ABERTA PARA OUTRAS POSSIBILIDADES: O que você realmente gostaria de fazer? Por que você não está fazendo isso afinal?

FIQUE LONGE (NÃO SE ENVOLVA) DA POLÍTICA E DE SESSÕES DE CONSOLO MÚTUO: Provavelmente se você está insatisfeito com o que está acontecendo, os outros também estão. Fique longe dos reclamões, dos chorões e de outros tipos de pessoas não voltadas para soluções. Perda de tempo e de energia.

NÃO PERCA A FÉ: Sua visão sobre o que deveria ou não deveria acontecer irá determinar sua disposição de trabalhar duro agora. Ter fé em você e em sua condição o fará levar o dia adiante. Mudanças ocorrem diariamente. Não fique nervoso – fique empolgado. Não importa o que aconteça, o Sol sairá amanhã. O medo do desconhecido é sempre maior do que o medo do conhecido. Não existem respostas fáceis quando você está no meio do incêndio. Siga seu coração e seu bolso o acompanhará.

NOTE BEM: Se você tem família reúna-se com ela e obtenha sua opinião e seu apoio. Sua família quer o melhor para você. Converse com eles. Aproxime-se das pessoas que você ama em tempos de transição.

GRANDE AHA!: Quando há comoção no mercado, incerteza econômica, ou fusões, as pessoas tendem a ficar introspectivas e se perguntar "Meu emprego está seguro?", e então dar os passos apropriados para entrar no jogo da política interna ou gastar seu(s) dia(s) garantindo que tudo está bem. O mais vulnerável em tempos de incerteza NÃO é seu emprego – são seus clientes. Eles são a fonte de receita que em última análise garantem a segurança de seu emprego. Não proteja seu emprego – proteja seus clientes. Atenda-os de forma memorável. Venda mais para eles. Torne-os fiéis. E ganhe indicações deles.

Se você quer "mudar a segurança" ou "mudar a certeza" reconheça que isso não vem de seu chefe. Vem de seus clientes. Proteja-os com sua vida.

Frequentemente você não consegue afetar a mudança – ela é que o afeta. Suas responsabilidades em lidar com os elementos de mudança na vida e na carreira são:

- **Entendê-los primeiro (nada de reações descomedidas).**
- **Crie uma atitude de aceitação.**
- **Veja a mudança como um desafio e uma experiência de aprendizado.**
- **Faça um plano para estar em harmonia com as coisas e as pessoas que afetam você.**
- **Fale sobre mudança de uma maneira incentivadora.**
- **Foque na adaptabilidade – sua habilidade de se adequar.**
- **Aja de maneira construtiva na mudança.**
- **Mantenha sua atitude positiva a qualquer custo.**
- **Não permita que a mudança desvie seu foco e ímpeto de vencer.**
- **Adote a percepção de que você tirará proveito da mudança.**

NOVO É MELHOR: Compramos o "novo" no supermercado. É a segunda palavra mais poderosa do marketing (*grátis* é a primeira). Se as pessoas a desejam avidamente na loja e a consomem na TV, por que resistem a ela, na verdade lutam contra ela, no trabalho?

Eis por quê:

- Medo do desconhecido.
- Medo da perda da segurança existente.
- Uma atitude pobre em relação ao crescimento.
- Falta de autoconfiança de que podem se adaptar.
- Falta do desejo ou de motivação pessoal para mudar.

NÃO CAIA NA CILADA: Existem ciladas para as quais você deve estar atento. As outras pessoas podem não ser capazes de aceitar a mudança como você. Não caia na cilada deles. Não se junte às lamúrias deles e não concorde com seus apelos. Sugira coisas boas ou soluções e ofereça uma reunião para discutir e revelar oportunidades.

Acrescente uma coisa *inevitável* às duas originais. Morte e impostos. Mudança. Aproveite seu poder e tenha sucesso – lute contra ela e fracasse.

A habilidade de um líder de aceitar a mudança – adaptar-se à mudança, transformar a mudança em oportunidade e comunicar esta oportunidade para sua equipe – é o sustentáculo de sua habilidade em ter sucesso.

A seguir estão 10,5 maneiras de se adaptar e tirar proveito da mudança para que você possa incorporá-la naturalmente e positivamente em sua vida pessoal e em sua vida profissional.

1. Aceite a mudança como parte da vida. É inevitável – não lute contra ela. Dê uma chance para a mudança.

2. Mantenha a mudança em perspectiva. Não é um tumor cerebral – não é a morte. É algo novo e diferente. Pode ser melhor.

3. Busque novas oportunidades de sucesso. Você nunca verá como a mudança pode trabalhar a seu favor se estiver com raiva.

4. Escreva todas as coisas ruins que poderiam acontecer. Então elabore um plano de ação para evitar ou lidar com cada uma delas.

5. Escreva todas as coisas boas que podem vir com a mudança. Então estenda isso para as oportunidades que elas podem trazer para você e sua empresa.

6. Discuta suas preocupações com outras pessoas que PODEM AJUDAR. Evite aqueles que reclamam e se lamuriam por autopiedade.

7. Não lamente "Ai de Mim". Olhe para outros menos afortunados do que você para manter as coisas em perspectiva.

8. Forme uma equipe para descobrir resultados positivos. Explorem juntos, o máximo possível, o lado bom da mudança.

9. Mantenha sua atitude e reforço no nível mais alto possível. Esse é o momento de ouvir e ler o máximo possível sobre atitude. Mantenha seu cérebro repleto de palavras inspiradoras dos mestres.

10. Tenha como meta três coisas que farão a mudança funcionar. Liste as oportunidades que a mudança proporciona. Então crie um plano de ação para atingir essas metas.

10,5 Lembre-se de que você é o melhor. Esta mudança é uma oportunidade de provar isso para si mesmo e de alcançar uma grandeza maior. Vá em frente – mude.

O IMPORTANTE A ENTENDER: Embora raramente bem aceitas a princípio, uma mudança organizacional, uma mudança de política e/ou uma mudança de pessoas representam a maior oportunidade de crescimento e de estabilidade na liderança. Mudança é do que trata a resiliência. É sua oportunidade de entender, reagir, responder e se recuperar de uma maneira positiva. NOTE BEM: Oportunidades não significam nada a não ser que você tire proveito delas.

O IMPORTANTE A FAZER: Em vez de listar metas, liste as várias oportunidades que a mudança criou. Quando você fizer isso, as metas terão a chance de serem perseguidas de uma maneira positiva e mais construtiva. Comece definindo o que pode ser feito, não o que não pode. Por exemplo, se está ocorrendo uma fusão, a oportunidade pode estar em comunicar a notícia de uma forma positiva para os clientes e os outros funcionários. A meta seria criar uma breve nota informativa e convidar para o diálogo e sugestões.

FORÇA 9

DE LIDERANÇA EM CORAGEM

A força de decidir e delegar e a força de lidar com qualquer situação ou pessoa que desafie sua autoridade ou habilidade de liderar.

Tendo Coragem de Decidir

Muitos líderes levam muito tempo para decidir e, como resultado, a produtividade de uma tarefa e a realização como um todo ficam limitadas por um certo grau de frustração. Sua função como líder é decidir e avançar.

Sim, decisões devem ser calculadas, baseadas em todos os fatores de risco, avaliadas em relação a possíveis vitórias ou derrotas e consideradas por seu valor tanto no curto como no longo prazo.

> Independentemente do processo usado, ciclos de decisão longos são não só improdutivos, mas também prejudicam o ânimo. E você, como líder, é visto como indeciso.

Garanto a você que muito poucas decisões são "seguras". Muitas pessoas que se sentiram seguras com a ideia de comprar da IBM chegaram à conclusão de que tomaram a decisão errada e que surgiram concorrentes com produtos mais rápidos e melhores (não necessariamente mais baratos) e começaram a erodir a fatia de mercado da IBM.

O IMPORTANTE A ENTENDER: Tomar uma decisão não é um processo ou um risco apenas seu. Pode ser colaborativo. Mas deve ser ágil. Os outros estão esperando, e avaliando.

O IMPORTANTE A FAZER: Certo ou errado – DECIDA RÁPIDO.

Leadership Delta

Por Jeff Holcomb

NOTA DO AUTOR: Jeff Holcomb é um verdadeiro líder. Oficial condecorado das Forças Especiais do Exército dos Estados Unidos/ Boinas Verdes, ele já experimentou a vida, a morte e a liderança de uma forma que a maioria das pessoas teve apenas a oportunidade de ler. Suas decisões imediatas salvaram vidas. Sua lealdade é tão profunda que não pode ser medida. E ele escolheu continuar seu caminho de sucesso treinando outros líderes. Milhares deles. Pedi a Jeff que compartilhasse algumas de suas filosofias e estratégias com você. Ele está escrevendo seu próprio livro que detalhará como ganhou sua experiência e o que aprendeu no processo. Ponha o livro dele no TOPO de sua lista de "imprescindíveis" deste ano!.

À medida que os seres evoluíram da forma marinha primitiva e começaram a trilhar o caminho de homem da caverna a CEO, nossa evolução foi potencializada porque como humanos tínhamos massa cinzenta suficiente para fazer essas duas perguntas muito importantes e antigas: *O que é? Como posso melhorar isso?*

Mantendo a herança de meus ancestrais caçadores de mamutes, eu também me empenhei em aplicar este processo pré-histórico evolutivo de refinamento.

Meu assunto de escolha é liderança. Portanto, Liderança. O que é? Minha experiência militar define liderança como "A arte e a ciência de proporcionar propósito, orientação e motivação a uma pessoa, uma equipe ou um grupo para concluir uma missão, uma meta ou estado final desejado".

Esta definição é muito ampla e apenas essas três palavras propósito, *orientação* e *motivação* já lançaram milhares de livros e modelos organizacionais.

Sendo um jovem comandante das Forças Especiais de 24 anos, ponderei que para ser um líder eficiente e de sucesso (sem mencionar continuar vivo), eu precisaria pegar a tal definição de liderança e aplicar aquelas mesmas eternas duas perguntas:

O que é?
Como posso melhorar isso?

Continuei aplicando essas duas perguntas perenes em relação a liderança pelo resto da vida. Agradeço a sábios como Ram Charan, Paul Hersey, Jack Welch e muitos outros militares e empresários visionários em liderança que iluminaram meu caminho.

Um de meus principais líderes (e mentor) foi o General Pete Schoomaker. Eu o conheci quando ele era Comandante da Força Delta do Exército Americano. Suas "Regras do Coiote" definiam os limites esquerdo e direito do campo onde iríamos operar.

Seguindo seu exemplo, eu criei meu próprio conjunto de princípios para auxiliar minha equipe conforme eu delegava responsabilidades (às vezes responsabilidades de vida ou morte).

É interessante notar que, com exceção de algumas palavras, os princípios não mudaram conforme passei para papéis de liderança civil empresarial.

A seguir estão os 7 Princípios de Pancho (meu codinome nos Boinas Verdes para comunicação via rádio era Pancho):

1. Integridade é meu pilar. Nunca considere ou aceite nada que seja ilegal, imoral ou antiético.

2. Meus clientes e funcionários são minha força vital. Sem eles e (e minha equipe) não temos uma razão verdadeiramente boa para existir. Somos líderes que proporcionam um propósito claro, orientação e motivação.

3. Quando no comando, assumo o comando. "Liderar e ser decisivo" não é UMA opção, é a ÚNICA opção. Um exército de ovelhas liderado por um leão derrotará um exército de leões liderado por uma ovelha.

4. Atinja a excelência por meio de uma comunicação forte, positiva e colaborativa. Um desafio não é desculpa para parar. É uma oportunidade de criar relacionamentos novos e fortes, e é uma oportunidade de vencer como grupo.

5. Sou continuamente proativo. Um comportamento reativo irá cansar você. Quando possível tenha um plano PACE (Primordial, Alternativo, Contingencial, Emergencial).

6. Mantenha a relevância tecnológica. Minha tecnologia avança literalmente na velocidade da luz, e a sua também. Mídia social, análises preditivas e vias de comunicação móvel, verbal e escrita evoluem diariamente. Mantenha-se relevante, ou aposente-se!

7. Sempre ajude as pessoas a vencerem. Acima de vencer-vencer, descobri que ajudando a outra pessoa a pensar que venceu, eu venço. Seja benevolente (exceto no campo de batalha) e seja positivo (em qualquer campo, com qualquer pessoa).

A habilidade de uma pessoa de interpretar uma situação e de avaliar os indivíduos envolvidos nessa situação é uma competência de vida ou morte quando aplicada às Operações Especiais do Exército. Foi minha exposição e treinamento nessas competências de percepção como jovem oficial de Operações Especiais que cultivaram uma obsessão eterna em entender o micro e o macro mundo da liderança ao meu redor.

Especificamente, por que entre duas pessoas, departamentos ou empresas com instrução, crenças, comportamentos e competências semelhantes, um atinge o sucesso e o outro tropeça? E, teria sido possível eu como líder interceder e criar uma oportunidade para a entidade que tropeçou passar para as fileiras dos bem-sucedidos? Minha hipótese pessoal é um modelo excepcionalmente simples na teoria, mas profundo na aplicação. Eu o chamo de *Leadership Delta* (Delta da Liderança).

Ele define e desafia ao mesmo tempo. O modelo *Leadership Delta* pede que você autoavalie sua habilidade de utilizar dados específicos e relacionados a tarefas combinados com competências existentes para um autodiagnóstico, desafia sua coragem e determinação de autoiniciar e exige sua inteligência para se autocorrigir conforme avança na tarefa ou atribuição. Em seguida, ele lhe proporciona os sistemas para voltar imediatamente ao autodiagnóstico como uma forma constante de ter sucesso e um aprendizado contínuo.

Na minha experiência, o modelo *Leadership Delta* distingue os bem--sucedidos daqueles que fracassam, ou pior dos que nem mesmo tentam. Ele não força você a ser um líder, ele o desafia a usar *suas melhores competências de liderança e o máximo de seu talento*, e *a aprender mais para ser melhor da próxima vez*. Em essência, ele põe você encarregado de si próprio.

Pense sobre as pessoas que você conhece que tiveram uma excelente ideia, mas nunca a puseram em prática – ou empreendedores que conheciam o problema que os impedia de ter sucesso, mas não foram capazes de superá-lo – ou aqueles que não conseguiram se adequar ao cliente ou ao mercado, e fracassaram.

Todas elas, por mais diversas que fossem, são oportunidades perdidas (talvez oportunidades únicas). É aí onde o modelo *Leadership Delta* desempenha um papel vital.

O modelo *Leadership Delta* é muito simples na teoria. Ele assegura uma autoavaliação constante, aprendizado contínuo e estimula a relevância pessoal/organizacional, tecnológica e operacional. O modelo revela um propósito introspectivo e pode ser aplicado no nível do colaborador individual, no nível do líder de outros, no nível de líder de líderes, líder funcional e líderes empresariais.

A paixão de minha vida é a liderança servidora. Em minha opinião, seria possível gastar a vida toda focado apenas nesta disciplina, e teria sido uma vida bem gasta. Fui abençoado por ter muitos líderes militares e civis presentes nos momentos em que mais precisei deles. São os exemplos e lições recebidos deles que me empenhei em assimilar, reproduzir e comunicar. É a profundidade e o forte impacto da teoria, doutrina, desenvolvimento, disciplina, treinamento, aplicação e execução da liderança que me impulsionam a continuar a fazer as perguntas em contínuo refinamento: *O que é? E como posso melhorar isso?*

Dica do 🏃 Git GRÁTIS... Para uma biografia de Jeff Holcomb e informações de contato , acesse www.gitomer.com e digite a palavra GREEN BERET na caixa GitBit.

A Realidade de um Curinga

Frequentemente chamado de Joker, em minha experiência constatei que uma em cada 25 pessoas de qualquer equipe é um curinga. Um curinga seria definido como alguém que prefere fazer de seu próprio jeito, alguém que não quer seguir a autoridade, alguém que distorce as regras (ou que viola as regras) – mas alguém que tem grande talento.

Sua responsabilidade como líder é aproveitar a capacidade e a energia desse indivíduo para que ele consiga trabalhar em harmonia com os outros.

Um curinga pode requerer *coaching* adicional; um curinga pode também querer ser designado para tarefas especiais. É possível inclusive que o curinga queira trabalhar sozinho ou com aqueles com quem se dá bem.

Mas, por mais rebeldes que sejam, os resultados do curinga frequentemente valem o esforço extra necessário para torná-lo um membro produtivo de uma equipe.

O IMPORTANTE A ENTENDER: Dizer que toda pessoa é diferente é uma afirmação muito simplista. Em vez disso, eu diria que cada pessoa tem um desencadeador diferente, tem um motivador diferente e que toda pessoa tem uma razão principal diferente para querer se envolver e atuar. Como líder, sua função é conhecer todos e delegar tarefas e projetos de acordo. Quanto mais você focar nas forças e desejos de motivação pessoal, mais produtividade você colherá.

O IMPORTANTE A FAZER: selecione um curinga de sua equipe. Agende um horário, talvez um café da manhã ou um almoço informal e tente se aprofundar na motivação pessoal dele – para descobrir o que o desafia e o que o frustra. Isso lhe dará uma visão que irá ajudá-lo a delegar de acordo com as forças dele e resultará em produtividade.

Pessoas Incômodas

Pergunto a plateias de líderes de vendas e empresários: "Quantos de vocês têm vendedores incômodos?".

Todos levantam as mãos. Você levantaria?

Existem dois tipos de pessoas chatas:

1. São incômodas para todos na empresa. Sempre se lamuriando, sempre reclamando, sempre violando as regras e sempre com algum tipo de problema ou no mínimo esperando algum acidente acontecer. Despeça essas pessoas o mais rápido possível. Não me importa o quanto boas elas são. Não me importa o quanto importantes elas são para você. Elas estão arruinando o ânimo de sua empresa inteira e a substituição delas sempre será melhor.

2. Elas só são incômodas para você. Este seria um problema seu. Agende reuniões com a pessoa e comece a construir um relacionamento melhor. Saiba melhor por que ela trabalha para a empresa e o que você pode fazer para ajudá-la a atingir suas metas de negócios não apenas suas metas pessoais.

Frequentemente, as pessoas mais perturbadoras da ordem são as mais produtivas. Elas precisam de mais atenção, de mais ajuda e de mais orientação.

Invista tempo em seu melhor pessoal e aproveite o poder deles.

O outro lado da perturbação é a queda da produtividade das outras pessoas (devido a fofocas e reclamação) e pessoas incômodas são do contra, causando problemas de ânimo e atitude. Elas criam um verdadeiro problema de liderança que deve ser resolvido sem rodeios.

O IMPORTANTE A ENTENDER: Sempre haverá pessoas incômodas. Sua função é estar tão presente no dia a dia que logo identifique a pessoa e para que possa fazer algo a respeito, e estar próximo o bastante dos melhores de seu pessoal para que eles atuem como policiais e mantenham você informado. Como líder, você não pode deixar uma personalidade conflitante atrapalhar a produtividade ou as realizações. Você detém o posto de autoridade e não pode deixar uma predisposição pessoal atrapalhar o sucesso.

O IMPORTANTE A FAZER: Identifique a pessoa vital para o grupo, mas que é uma pedra no sapato. Reúna-se com ela. Descubra do que ela gosta e identifique suas limitações. Ajude essa pessoa a melhorar. Não deixe também de procurar as pessoas que estão sendo afetadas e informá-las de que você está ciente da situação e que está tomando providências.

Delegar

A maioria dos líderes que conheço acredita que é a única pessoa capaz de lidar com uma determinada situação, um determinado projeto ou uma determinada tarefa. Como resultado, sua habilidade de liderança sofre. Já observei isso nos mais altos níveis da América Corporativa.

É interessante que essas mesmas pessoas reclamam de sua carga de trabalho e sua incapacidade de ter as coisas feitas em tempo, ou ao menos de maneira adequada.

Existe uma pergunta-chave que você deve se fazer toda vez que uma situação dessas surgir. É uma pergunta de duas palavras: Quem mais?

Nos últimos dois anos, repassei uma quantidade cada vez maior de minhas responsabilidades para ter mais oportunidade de me concentrar em minhas melhores habilidades e me ocupar com coisas que realmente amo fazer – escrever sendo uma delas.

No momento, meu negócio está indo em frente, e as pessoas que o estão conduzindo estão fazendo o melhor que podem. Com certeza, elas precisam de minha ajuda de vez em quando. Certamente, elas

precisão de minha opinião de vez em quando. Mas não sou eu quem faz o trabalho. Deleguei a autoridade de liderança para outros que estão atuando em meu favor e dando o melhor de si (ou deveria dizer, sendo o melhor Jeffrey que possivelmente poderiam ser).

Sim, erros acontecem. Sim, erros serão cometidos. Mas o negócio está indo em frente.

Em 1976, visitei uma empresa no Brooklin, em Nova York, chamada Brooklin Handkerchief. Eles fabricavam echarpes e outros materiais estampáveis que faziam parte do setor de estamparia têxtil no qual eu estava envolvido.

Os proprietários e eu nos reunimos para discutir sobre a produção e a produtividade de seu produto e como poderíamos levar esse produto ao mercado.

Durante a visita às instalações, não pude deixar de notar todas as coisas que eles poderiam estar fazendo melhor. (Esta é uma maneira gentil de dizer "coisas que estavam fazendo errado.")

O presidente, um senhor sábio chamado Milton Cade, olhou-me nos olhos e disse: "Jeffrey, às vezes pedacinhos caem no chão. Você não pode catar cada pedacinho. Geralmente, o melhor é simplesmente deixá-los lá".

Um pensamento interessante que nunca esqueci. Sei que sou a melhor pessoa para cada tarefa de minha empresa, mas as delego para a segunda melhor pessoa, e perco alguns pedacinhos. Você deve fazer o mesmo.

O IMPORTANTE A ENTENDER: Examine sua carga de trabalho. Concentre--se apenas nas tarefas e nas pessoas – que dão um salto à frente. Esqueça as minúcias – especialmente o drama do "quem fez isso".

O IMPORTANTE A FAZER: Deixe de lado o irrelevante. Delegue com instruções completas. Delegue com plena autonomia. Delegue com encorajamento total. Delegue o máximo possível. Avalie e siga em frente.

Contratar ou Não Contratar

Eu tenho uma filosofia de contratação de duas palavras: CONTRATE ÁGUIAS.

Eu procuro contratar as pessoas mais capazes que encontro – nunca pensando nem por um minuto que elas podem ser melhores do que eu, muito menos que podem ameaçar meu emprego. Águias são pessoas fortes, voam alto, trabalham bem sozinhas, cuidam umas das outras – e comem ratos.

No mundo atual, a contratação geralmente envolve o departamento de RH que aplica testes psicotécnicos aos candidatos para avaliar sua adequação à função. Pessoalmente, eu não acredito na validade destes testes.

A seguir estão qualidades que você deve buscar ao contratar alguém para preencher uma posição em sua empresa: inteligência, felicidade, iniciativa, honestidade, confiabilidade, que permanece até o trabalho ser concluído, com histórico de sucesso e anseio pelo sucesso. Alguém que queira aprender tanto quanto quer ganhar. Alguém que tenha paixão pelas tarefas que irá desempenhar. E alguém com vontade de servir que considera a realização um orgulho pessoal – mas que expresse este orgulho como gratidão em vez de com ostentação.

Essas são as qualidades que não aparecem e nenhum teste.

Sim, nos tempos atuais checar o histórico é importante. Sim, nos tempos atuais referências devem ser checadas para confirmar fatos do currículo.

Mas a única coisa ausente em qualquer teste ou em qualquer histórico é sua intuição. A intuição tem sido substituída por testes – e eu o desafio a reverter essa tendência.

Seguir sua intuição, seu instinto, irá não só lhe proporcionar a melhor pessoa, mas também levar seu conhecimento sobre pessoas para um nível novo e melhor.

O IMPORTANTE A ENTENDER: Você está contratando uma pessoa, não um teste. Contará com ela e dependerá dela para a concretização de tarefas em seu ambiente sob seu comando. Com esta responsabilidade, você deve ter uma boa sensação sobre quem está contratando. E essa sensação vem de dentro.

O IMPORTANTE A FAZER: Sempre que considerava contratar ou não um vendedor, eu descartava todas as referências de antigos empregadores ou professores e pedia ao candidato o nome de três clientes com quem ele havia feito negócios. Esses clientes iriam revelar todas as características desse vendedor, boas e ruins. Afinal, o vendedor precisa tratar com clientes para ter sucesso. Independentemente de quem você esteja contratando, essa pessoa precisa tratar com outras em seu trabalho. Se for alguém de compras, trata com fornecedores. Se for um contador, trata com auditores e fiscais. Conforme você considera alguém para um cargo, é importante saber com quem essa pessoa já tratou e como foi essa experiência. Esta resposta não será uma nota A, B ou C. A resposta será preto no branco. Clara como o dia.

Demitir ou Não Demitir.

Algumas pessoas, com base em sua atitude, capacidade, sua produtividade ou sua habilidade de conviver com os outros, simplesmente devem ser bem-sucedidas em outro lugar.

Sua função como líder é demiti-las rapidamente, legalmente e com a dignidade delas intacta.

Tive o desprazer de despedir várias pessoas em meus 40 anos de carreira. Nenhuma dessas demissões levou mais que 15 minutos. Quanto mais você fala, mais razões deverá dar e mais machucará a pessoa que está saindo.

Diga para a pessoa que você não acredita que ela combina com a empresa e que hoje é o dia de vocês tomarem rumos diferentes. Informe para a pessoa todos os detalhes – verbas rescisórias, seguro saúde – e tenha todos os documentos preparados. Agradeça a ela. Diga a ela se está disposto a dar referências ou não. Deseje sorte a ela e peça que devolva o que pertence à empresa (chaves, senhas, o que seja.)

Acompanhe a pessoa até a mesa dela para que pegue seus pertences pessoais e acompanhe-a até a porta. Faça imediatamente com que os e-mails recebidos pela pessoa sejam encaminhados para uma pessoa com cargo gerencial e que todas as senhas e códigos internos sejam mudados.

Se elas utilizam um celular ou um computador da empresa peça que devolvam imediatamente.

Se tiverem uma cláusula de não concorrência em seu contrato de trabalho, seja benevolente. (Cláusulas de não concorrência estão sendo derrubadas e, como empresário, você é mal visto por proibir alguém de trabalhar em outro lugar na área em que é especialista, para sustentar a família.)

Depois que a emoção inicial de ser demitido desvanece, você quer que a pessoa consiga dizer que você foi justo com ela e que permitiu que ela mantivesse a dignidade. E talvez depois de alguns anos que diga: "o melhor chefe que já tive".

REALIDADE: Algumas vezes demitir é feio, e as consequências, mais feias ainda. A estratégia que ofereci para você acima é para manter uma situação desconfortável o mais bonita possível e o mais confortável possível.

NOTA IMPORTANTE: Não delegue demissões – a menos que você esteja treinando um novo líder. Se você estiver demitindo alguém do sexo oposto, assegure-se de que haja mais de duas pessoas na sala.

E o que quer que você faça, especialmente numa grande corporação, tenha tudo o que vai fazer bem documentado com antecedência para que haja provas em caso de uma contestação.

Demitir é duro. Líderes devem ser mais duros ainda.

NOTA: A palavra "demitir" provavelmente mais conhecida nos círculos de RH como "desligar". Acho que você entende o que estou dizendo. Cresci numa época de palavras diferentes. Sem-tetos eram chamados de mendigos. As palavras mudaram. Ninguém mais é uma secretária – ou aeromoça ou garçonete. Posso ser "saudosista", mas não sou "antiquado".

Eu contesto. Vários anos atrás fui a um culto da igreja Unitarista e o pastor proclamou que eles haviam eliminado completamente o gênero do hinário. Eu gritei espontaneamente: "Sim, mas continuamos chamando de hino". Não pude evitar.

O IMPORTANTE A ENTENDER: Ninguém quer ser demitido. E ninguém quer demitir. Ambas as pessoas na sala estão desconfortáveis quando a coisa acontece. Muitas vezes, as pessoas sabem que vão ser demitidas, estão esperando o martelo cair e na verdade ficam aliviadas que isso finalmente tenha acontecido. Como líder, você também ficará aliviado quando tiver feito disso um trabalho limpo. Talvez você não esteja fazendo o melhor para a pessoa envolvida, mas estará fazendo o melhor para sua empresa.

O IMPORTANTE A FAZER: Tenha prontos todos os documentos, números, detalhes, verbas rescisórias antes da reunião de demissão para que qualquer pergunta feita pela pessoa que está sendo demitida possa ser respondida clara e imediatamente.

FORÇA 10

DE LIDERANÇA PESSOAL

A força de se rededicar ao autodidatismo e à excelência pessoal conforme sua vida de liderança atinge a maturidade.

Os Líderes Conseguem Influenciar Sem Autoridade?... Dificilmente.

Acabo de ler a seguinte citação: "A chave para uma liderança de sucesso hoje é a influência, não a autoridade". O QUÊ? Nem tanto.

Parece boa quando você ouve pela primeira vez, mas não é apenas totalmente sem mérito, é também absolutamente perigosa.

A citação deveria dizer: "Uma das MUITAS chaves para uma liderança de sucesso hoje é a influência". Incomoda-me quando alguém aventura-se na sabedoria e desafia a lógica, a emoção e, especialmente, a realidade.

Se você pensa que um líder pode liderar sem autoridade, reconsidere isso imediatamente. Imagine uma pessoa de grande influência parada na frente de uma grande corporação, mas sem um cargo na empresa, muito menos uma posição de autoridade. Alguém faria algo que essa pessoa manda? Alguém seguiria essa pessoa? Alguém ouviria essa pessoa?

O "influenciador sem autoridade" provavelmente teria sua melhor oportunidade dando explicações para o juiz depois de ser preso pela segurança.

O mesmo acontece no governo. Você consegue imaginar uma pessoa de influência sem nenhuma autoridade tentando liderar, gerir ou votar num assunto? Isso NUNCA vai acontecer.

REALIDADE: Não existe "chave" para uma liderança de sucesso. Citações como essa são não apenas enganosas, elas são absolutamente perigosas, a menos que você já seja um líder e já tenha autoridade. A autoridade de influenciar.

REALIDADE: Não existe uma chave única para a liderança. Você precisa na realidade de um molho de chaves que inclui AMBAS autoridade e influência. E qualquer um que disser algo diferente para você está tentando exercer influência sem um pingo de autoridade.

A seguir estão os elementos, totalmente baseados em autoridade, que dão aos verdadeiros líderes a habilidade de influenciar:

- **Respeito.** "Se o respeito pelo líder for perdido, o poder de influência e a autoridade serão fracas como base de qualquer missão. Líderes cometem o erro de exigir respeito quando, na verdade, o respeito é ganho."

- **Clareza da mensagem.** Para que um líder seja seguido, deve começar com uma mensagem clara.

- **Atitude positiva que cria um exemplo para os outros seguirem.** A atitude é O elemento fundamental que cria um caminho para todos os líderes terem sucesso, não apenas influência.

- **Habilidade de motivar.** Criar o desejo na equipe de ter um desempenho excepcional. Verdadeiros líderes criam este impulso primeiro pela pessoa, depois pela missão e por último pelo líder.

- **Habilidade de inspirar.** A diferença entre motivação e inspiração é que a motivação deve ser injetada constantemente. A inspiração dura por toda a vida. Grandes líderes instilam ambas.

- **Habilidade de criar estratégias.** Estratégias bem fundamentadas são aceitas avidamente pela equipe. Elas fazem sentido e parecem factíveis.

- **Habilidade de planejar, e ter um plano B.** Depois que a estratégia é definida, planos (e planos alternativos) são traçados para concretizar a estratégia. Um plano B também deve ser criado para assegurar que o ímpeto não seja perdido em caso de um revés ou uma mudança inesperada.

- **Resiliência.** Um dos elementos menos compreendido, e possivelmente que tem o maior peso no sucesso, é a resiliência. A habilidade de um líder de enfrentar ou se recuperar de qualquer situação que surja. Um líder com baixa influência ou sem resiliência não permanecerá nesta posição por muito tempo.

- **Experiência passada.** Um histórico tanto de sucesso como de falhas proporciona o conhecimento e a sabedoria para liderar no presente.

- **Persuasão.** Uma forma mais elevada de influência. A persuasão ocorre quando a confiança encontra a convicção, o risco, a tolerância e a segurança.

- **Magnitude.** Líderes devem ter magnitude e serem reconhecidos por sua postura, confiança e equilíbrio.

- **Caráter.** Os elementos que constroem o perfil. O caráter é obtido (ou perdido) "fazendo-se a coisa certa e o melhor" consistentemente. O caráter tem um papel fundamental na habilidade de um líder de influenciar. Um grande caráter é moldado ao longo do tempo.

- **Imagem.** Ações, resultado e reputação se combinam para criar a imagem.

- **Ética.** Este elemento da liderança determina a reputação. Grandes líderes atuam com os mais elevados padrões éticos.

- **Com exemplo.** Como líder corporativo, empresário e empreendedor há mais de 40 anos, SEMPRE dei o exemplo "fazendo" em vez de "mandando" ou "exigindo". Não me diga o que fazer. Mostre-me como se faz.

- **Tolerância ao risco.** Grandes líderes têm alta tolerância ao risco e o senso de saber quando assumir um risco calculado.

- **Habilidade de conviver bem com os outros.** Acredito que a "amabilidade" desempenha um papel importante na habilidade de um líder de criar produtividade e realização.

- **Coragem.** A determinação para suportar todas as adversidades e a resiliência para reagir, responder e se recuperar voltada para a realização e para a vitória.

- **Habilidade de realizar.** Grandes líderes não são apenas respeitados; são também avaliados. Eles têm a responsabilidade de realizar e sua eficiência é avaliada em relação às tarefas e metas assumidas.

- **Habilidade de suportar o fracasso.** Uma parte importante da resiliência, o fracasso deve servir como lição e como uma oportunidade para crescer. Certamente, existe desapontamento, às vezes raiva – mas a liderança não se baseia em um único evento. Todos os grandes líderes enfrentaram, suportaram e se recuperaram da derrota – muito mais sábios e muito mais firmes em seus propósitos.

- **Habilidade de celebrar a vitória.** Todo mundo quer celebrar uma vitória. Verdadeiros líderes sabem como criar uma celebração genuína e reconhecer o esforço de todos que tomaram parte. Eles também sabem como moderá-la e usar esta celebração como trampolim para a próxima tarefa em mãos.

- **Reputação.** Tudo o que foi discutido acima cria e molda a reputação de um líder. A reputação atrai o desejo dos outros em seguir. E a reputação frequentemente entra em cena muito antes do líder. Não é apenas um "cara fora de série" ou uma pessoa que "assume a responsabilidade", em vez disso é alguém "conhecido" como um grande líder e que conquistou o respeito de seu pessoal e de sua comunidade.

Incluindo autoridade e a habilidade de influenciar, acabei de descrever 22 características vitais da liderança e da habilidade de liderar. Nenhuma característica sozinha detém a varinha de condão. Mas ao dominá-las, elas são em conjunto a chave para ser um líder proeminente.

Dica do ⋏ Git GRÁTIS... Se você quer mais informações sobre crescimento em liderança, acesse www.gitomer.com e digite as palavras GROW MANAGER na caixa GitBit.

O Que Realmente Motiva?

- **Dinheiro**
- **Encorajamento**
- **Medo**
- **Família**
- **Realização**
- **Independência**
- **Desafio**
- **Amor ao trabalho**
- **Crença no produto**
- **Reconhecimento**
- **Desejo de vencer**
- **Desejo de ter sucesso**

O Que Realmente Inspira?

Minha sócia e eu passamos os últimos 24 meses indo ao maior número possível de concertos, musicais e eventos de música que o tempo nos permitiu.

Panic! at the Disco, Gladys Knight, Justin Timberlake, Kane West, Rihanna, Bruce Springstein, Maroon 5, Stevie Wonder, The Police, Smokey Robinson, Les Paul, Elvis Costello, "LOVE" (um tributo do Cirque de Soleil aos Beatles), "Jersey Boys", Tony Bennet5t, um *revival* dos anos 50, The Cure.

Semana passada assistimos a Leonard Cohen.

Com certeza, este evento foi o mais proeminente, por mais de uma razão. Leonard Cohen é autêntico. Meu primeiro contato com ele foi na década de 60. Ele é influente tanto como poeta quanto como compositor e cantor.

O show de Cohen me fez transbordar de emoções. Durante três horas e meia eu gritei, cantei, bati palmas, vibrei, ascendi um fósforo (usando meu iPhone como chama), ri e chorei. Em seus jovens 75 anos, ele e sua banda musicalmente impecável provocaram empolgação, choro, ovação, três bis e deixaram uma marca musical eterna em minha mente e meu coração.

Esses shows ajudaram minha atitude e minhas vendas. Eles me proporcionaram uma carga emocional e de inspiração. E se você quer uma definição de diversidade, releia a lista.

A música torna minhas emoções mais profundas e meus pensamentos mais perspicazes. E não apenas no show – também antes de visitas de vendas e compromissos. Ouço música antes de fazer uma apresentação. Eu me inspiro. Eu incendeio minha alma. Entro na sala do cliente potencial dançando e me sentindo ótimo para a reunião.

E você? Se você gosta de música, por que não a incorpora em sua vida corporativa?

A música cria uma memória. Se você ouve a música certa, ela pode levá-lo a uma época específica no tempo. O primeiro namoro, o primeiro beijo, o primeiro marido, a primeira esposa, férias de verão, a escola, a faculdade, assuntos do coração – a lista de lembranças através da música é infindável.

SEGREDO PESSOAL: Aprendi minhas competências de apresentação cantando em caraoquês.

Se você duvida do poder da música, considere os seguintes fatos:

- **A música inspira seus pensamentos e raciocínio.**
- **A música reafirma suas lembranças e verdades.**
- **A música ajuda você a sorrir e a relembrar experiências agradáveis**
- **Ouvir música e cantar estabelece um estado de espírito musical**

- A música reforça sua atitude positiva interior.

- A música cria uma sensação de ritmo.

- A música cria uma corrente emocional que penetra em sua mente e sua alma quando você escuta determinadas canções.

- A música é transferível e transformadora.

- A música é familiar. Mesmo que você não consiga cantar uma nota, quando está sozinho no carro você acompanha.

- A música é mística e faz você se sentir bem.

O IMPORTANTE A ENTENDER: A música conforta a alma, eleva o espírito, inspira a ação e enche o bolso.

O IMPORTANTE A FAZER: Faça uma lista com suas cinco músicas preferidas atuais. Agora liste cinco músicas preferidas de seu passado. Ao lado de cada uma, escreva o que ela significa para você. As músicas atuais provavelmente significarão apenas que você gosta delas e as ouve com frequência. Aquelas do passado são outra história. Elas evocarão momentos, lugares, pessoas e lembranças claras. Encontre sua música. Ouvir música e cantar irá lhe trazer recompensa mental, física e monetária.

Vença pelo Gipper?
Ah, Não Este Ano.

Knute Rockne foi um dos maiores técnicos de todos os tempos. Inovador, ardente, emotivo, um grande orador, um vencedor que treinou alguns dos melhores jogadores do futebol americano. Os quatro cavaleiros, George Gipp, Fank Leahy e Curly Lambeau. Rockne venceu vários campeonatos nacionais, e colocou o Notre Dame no mapa do futebol americano para sempre.

Ele era um forte líder de homens.

Existe uma pergunta-chave que você deve se fazer toda vez que uma situação dessas surgir. É uma pergunta de duas palavras: Quem mais?

Rockne popularizou o *forward pass*, criou o *shift offense* e assumiu todos os riscos possíveis para vencer. Isso foi naquela época. Agora é diferente.

Tenho certeza de que você ouviu falar ou assistiu ao filme *Knute Rockne, All American*, em que Rockne (interpretado por Pat O'Brien) encoraja seu time a "Vencer um pelo Gipper!".

George Gipp (interpretado por Ronald Reagan), um dos maiores e mais versáteis atletas de todos os tempos (*quarterback*, *running back*, *defensive back*, *punter*, *punt* e *kickoff returner* – tudo no mesmo jogo – por quatro temporadas), morreu tragicamente em 1920 durante sua última temporada de uma infecção na garganta.

 Conta a lenda que Rockne estava ao lado do leito de Gipp pouco antes de este morrer. Suas últimas palavras foram: "Estou indo, Rock. Está tudo bem. Não estou com medo. Em algum momento, Rock, quando o time estiver em dificuldade, com as coisas dando errado e eles apanhando, peça que entrem com tudo e vençam um pelo Gipper. Não sei onde estarei então, Rock. Mas saberei e ficarei muito feliz".

Rockne usou a emoção da morte de Gipp para fazer uma das melhores reuniões de vestuário de todos os tempos. No intervalo, ele usou a história de Gipp, juntamente com seu desejo no leito de morte, para inspirar o Notre Dame a vencer no Yankee Stadium o imbatível time do Exército de 1928.
Knute Rockne, All American – excelente filme, mas é um *filme*, não a vida real. E a sociedade mudou um tanto desde 1920 (ou 1940 quando o filme foi feito).

As pessoas querem vencer para si próprias – NÃO PELO GIPPER.

Como líder, estimule seu pessoal a produzir, vencer e ter sucesso – MAS fazer isso pelas razões deles – aluguel, pagamentos, prestação do carro, mensalidade da escola, férias.

Nós, como povo, como nação, reduzimos as opções de "pelo que" e "por quem" estamos dispostos a vencer. Vencer pelo país e derrotar o inimigo pela liberdade? Que diabos, Sim! Vencer pela empresa, pelo gerente de vendas, pelo chefe? Que diabos, Não!

REALIDADE DE VENCER: Seu pessoal quer vencer para eles próprios, por seus filhos, pela prestação da casa, pelo carro novo, para pagar a escola das crianças, pelas férias da família. Não por você.

EIS O SEGREDO: Ajude-os a vencer pelas razões deles, e eles o ajudarão a vencer pelas suas.

Servir É Governar

As pessoas mais poderosas que conheço são as que dão. As mais egoístas são as que tomam. (Também descritas por Ayn Rand em *Atlas Shrugged* como "saqueadores" ou "aproveitadores" e descritas pelo General George Patton como "pessoas que te espremem".)

Em minha opinião existem três qualidades que são o centro da grandiosidade e do legado de um líder:

- **Desejo de servir.**
- **Humildade genuína.**
- **Gratidão eterna.**

Essas três qualidades, quando combinadas, criam a oportunidade para você dominar sua posição de uma maneira benevolente.

Os outros o servirão porque sabem que você servirá a eles. Os outros serão agradecidos por que sabem que você é grato a eles. Os outros o respeitarão porque sua humildade é percebida como intrínseca.

CUIDADO: Nunca serão todos. Existirão pessoas em sua equipe que invejarão você, quem você se tornou, quem você é, e aonde quer chegar. Algumas pessoas inclusive falarão mal de você. A melhor coisa (e a mais difícil) a fazer é ignorá-las. Se você conseguir não dar ouvidos e observá-las gesticulando, pode imaginá-las como animadoras de torcida.

Nem todos terão apreço por você. Nem todos o interpretarão corretamente. Nem todos ficarão felizes com suas ações. Mas se for franco sobre por que estão com você (não para servir a você, mas para servir aos outros) e se sua sinceridade for evidente, então pode manter a tranquilidade de que está fazendo o melhor para todos, inclusive para você.

Em meus textos tenho usado a expressão "As pessoas farão chover no seu desfile, porque não têm um desfile delas". Isso é especialmente verdadeiro em relação a sua atitude e a sua aceitação de que nem sempre boas intenções levam ao bem.

O IMPORTANTE A ENTENDER: Quando se quer servir, não importa quem são os outros, importa quem é você. "Sirva o melhor que pode e ame o resto", é a melhor maneira de ver as pessoas que você lidera. Não seja grato apenas por suas oportunidades e seu pessoal. Seja mais grato por você e pelo que oferece.

O IMPORTANTE A FAZER: Grave algumas de suas conversas e ouça. Grave suas apresentações e ouça. Grave suas reuniões e ouça. Escutar vai lhe dizer sobre seu serviço, sua humildade e sua gratidão. Proponha-se a fazer melhor e ser melhor e crie um plano de 12 meses para gravar, ouvir e melhorar.

Se eles GOSTAM de você, acreditam e confiam em você e o respeitam – serão leais a você e o seguirão. Tudo começa com GOSTAR.

– Jeffrey Gitomer

Mais Alguns *Insights* sobre Liderança...

TRANSFERABILIDADE: Você pode ter um conhecimento tremendo e uma experiência tremenda, e você pode ter respostas que funcionam e são vitoriosas em praticamente todas as situações, mas se sua habilidade de transferir essa mensagem for fraca, então os resultados que você almeja ficarão aquém do esperado. A chave para ter habilidade de transferir com sucesso sua sabedoria e seu conhecimento são confiança, paixão e entusiasmo pessoal e a capacidade de apresentar o que os outros percebem como ambos – compreensível e sincero.

ACEITABILIDADE: Por que algumas ideias funcionam e outras não? Por que alguns projetos são concretizados enquanto outros são abandonados? Por que algumas tarefas delegadas são levadas a cabo com perfeição e outras se arrastam no tempo?

Detalhei os conceitos e processos de liderança ao longo deste livro, mencionando a única palavra que acredito definir aceitabilidade apenas uma vez. A palavra é "adequação". Se a pessoa a quem você está influenciando ou tentando influenciar não sente que existe uma "adequação" mental ou física ao que você está comunicando ou delegando, ela terá pouco desejo de concretizar isso. É preciso existir tanto um nível de conforto quanto a crença por parte do receptor de que consegue cumprir as tarefas ou as metas que você determinou. Quando essa crença existe, então a intenção do receptor de levar a cabo o que lhe foi delegado terá sucesso.

Transferabilidade e aceitabilidade são importantes, porém frequentemente mal interpretadas entre os líderes. É sua responsabilidade pessoal tornar real cada um desses elementos na mente de seu pessoal para que os resultados que você espera sejam atingidos.

– Jeffrey Gitomer

FORÇA
11

DE LIDERANÇA
EM CELEBRAÇÃO

A força de reconhecer, recompensar
e celebrar o desempenho,
a realização e a vitória.

Reconheça o Reconhecimento do Empregado pelo Que É: OURO!

Nas convenções de vendas corporativas em que faço apresentações, geralmente me pedem para participar da entrega de premiações de vendas.

O cliente fica radiante. Mal sabem eles que é uma das coisas que mais gosto de fazer – e uma das, se não A, parte mais importante do evento.

NOTE, POR FAVOR: Esses não são prêmios de "concursos". São prêmios de realizações de vendas.

Os nomes das pessoas são anunciados por uma realização ou outra e são exibidos junto com sua foto em telões para que todos vejam (especialmente seus pares). Eles vão até o palco receber seu prêmio – sorrindo, radiantes e cheios de orgulho.

Estatuetas e placas são entregues, inscrições são lidas em alto e bom som, apertam-se mãos, fotos são tiradas e os prêmios são dados para as pessoas que venceram – não, GANHARAM a premiação. Seu trabalho árduo é reconhecido e recompensado. Em público.

Qual é o valor deste tipo de cerimônia? Não pode ser medido. (Ou citando o Mastercard "Não tem preço".)

Você pode medir desempenho, mas não pode medir o orgulho da realização. Tampouco pode medir a motivação e a inspiração para continuar a realizar.

O estímulo deles não é medido por algum tipo de incentivo ou ajuda financeira do governo. É o estímulo interno criado a partir do orgulho e da realização pessoal. Vencer. Vender.

Ganhar um prêmio resulta em vários benefícios não declarados. Há o estímulo para que a pessoa mantenha ou melhore seu desempenho e permaneça no topo. E há o IMENSO estímulo para que os outros na plateia tentem vencer o prêmio no próximo ano.

A seguir estão os benefícios do reconhecimento, da recompensa e do elogio:

- **Reconheça o pessoal de vendas por um trabalho bem feito, e eles reconhecerão você.**

- **Elogie o pessoal de vendas por um trabalho bem feito, e eles elogiarão você.**

- **Recompense o pessoal de vendas por um trabalho bem feito, e eles continuarão a recompensar você.**

- **Reconheça as pessoas por um trabalho bem feito, e elas reconhecerão você.**

- **Elogie as pessoas por um trabalho bem feito, e elas elogiarão você.**

- **Recompense as pessoas por um trabalho bem feito, e elas continuarão a recompensar você.**

Por que você não dá uma olhada em sua empresa, seus funcionários, seu pessoal de vendas e seus prêmios e recompensas? Talvez seja necessária alguma reorganização do reconhecimento. Talvez em vez de "cortar", você deveria experimentar "investir". Especialmente em pessoal de vendas. Eles são sua ajuda financeira.

NOTA: Em vez de descobrir como mudar (reduzir) planos de remuneração desestimulando a todos, por que não investir numa convenção de vendas e numa celebração para recompensar aqueles que atingiram o nível mais alto de desempenho, e desafiar aqueles na plateia a também ganhar esses prêmios no próximo ano se dedicarem tempo e esforço para isso.

O IMPORTANTE A ENTENDER: Prêmios e incentivos são estímulos econômicos de primeira ordem. Estímulos verdadeiros. Em tempos economicamente desafiadores (que tal isso para usar um tom moderado), as vendas são o que farão a empresa se recuperar. Talvez você tenha que fazer alguns cortes pelo bem de seu negócio, mas nenhuma empresa jamais corta seu caminho para o sucesso. Você deve vender para chegar ao lucro e ao sucesso.

O IMPORTANTE A FAZER: Premie a realização em público. Não apenas frente a seu próprio pessoal – assegure que esteja no blog da empresa, em seu *newsletter* eletrônico semanal e em seu site.

Dica do 人 Git GRÁTIS... Quer um plano de ação e uma lista de sugestões para criar incentivos e prêmios para seu pessoal? Acesse www.gitomer. com e digite a palavra AWARDS na caixa GitBit.

Celebração!

Pense em quando você era jovem – quando ganhou um jogo de bola, ou seu time favorito ganhou um campeonato. Talvez você tenha praticado algum esporte competitivo e vencido uma corrida ou uma partida. Como foi a celebração? Quanto tempo durou? Qual foi sua sensação pelo resultado da vitória?

Este é o tipo de celebração que deve ser compartilhada com seu pessoal toda vez que ocorre uma realização. Deixe que cada pessoa sinta que seu desempenho foi valorizado e que os celebrantes tenham o tempo e o espaço onde a essência da vitória possa aflorar.

REALIDADE: Um vendedor entra na sala de seu chefe gritando: "Acabei de fazer uma venda enorme! Acabei de fazer uma venda imensa!". O chefe levanta a cabeça do que está lendo e diz: "Você ainda tem de

fazer mais três para atingir sua quota do mês". Embora este cenário possa parecer terrível, se você e eu ganhássemos, cada um, um dólar toda vez que isso acontece, estaríamos milionários.

Obtenha resultados. Aplauda. Dê bônus. Elogie. E crie um estímulo para que as próximas três vendas sejam feitas.

Pense no técnico Vince Lombardi sendo carregado por seus jogadores na saída do campo. Foram seus jogadores que ganharam a partida, mas eles amavam tanto seu líder que fizeram ele o herói! Quem está carregando você na saída do campo?

FORÇA

12

DE LIDERANÇA NO PRÓXIMO NÍVEL

A força de ver o que virá a seguir, aceitar o desafio, assumir a responsabilidade e subir os próximos degraus dessa escada.

Liderança 360,5 e 365 – Acrescentando Impacto e Mensuração ao Processo 360.

Nota do Autor: Estou voltado a abordar o processo de avaliação 360 aqui porque acredito que é muito importante, mas, no entanto, é mal e subutilizado.

Se eu perguntasse se você é um líder 360, você responderia com mais do que encolher os ombros? Você já fez alguma avaliação de liderança 360? Por quê? Essa avaliação tem tudo a ver com você! 360 envolve seu pessoal, seus clientes, seus fornecedores, a maneira como eles se sentem sobre sua habilidade de liderar e servir com base em suas palavras, ações e feitos.

Palavras de efeito, frases de efeito e modismos me irritam. Elas nunca duram. Se durassem, a Gestão da Qualidade Total (TQM) ainda seria ensinada, ao invés de satirizada. E em minha opinião, vai acontecer o mesmo com o processo 360.

As palavras mudam com o tempo, mas as palavras antigas carregam o verdadeiro significado. Garçonete, aeromoça e secretária, para citar algumas. Para mim, 360 é uma nova palavra para o antigo *"feedback"*. Talvez eu esteja louco, mas 360 não requer que se escreva um livro, apenas um formulário ou uma reunião já é o suficiente. Presencial, de preferência.

E de tudo o que li sobre 360 falta ao conceito estrutura e responsabilidade para por este *feedback* em prática, especialmente no que diz respeito à qualidade e às competências do líder.

Vou chamar isso de 360,5 – agir com base no *feedback*, especialmente no nível pessoal.

E há meu outro desafio ao conceito 360. O meu é Liderança 365. Oportunidades de liderança ocorrem a todo minuto, todos os dias (365 dias por ano) – as perguntas são: *você está pronto (preparado), você está disposto (atitude excelente), você é capaz (experiência passada e treinamento), você consegue tirar "proveito resiliente" delas?*
Liderança 360 é óbvia – quando executada no nível "desejado de sucesso", não é tão óbvia assim.
O ingrediente ausente é treinamento, ou eu deveria dizer disposição por parte do líder de aprender o que é novo e de criar para si um cronograma de aprendizado de aprimoramento contínuo.

O IMPORTANTE A ENTENDER: 360; 360,5 e 365 – qual delas? Resposta – as três. Ou você poderia dizer apenas, proporcionar *feedback*, aceitar o *feedback* e colocar um *feedback* positivo construtivo em prática.

O IMPORTANTE A FAZER: Admita que talvez você precise mudar, ou aprender (ou ambos) para fazer as duas metades do 360 funcionarem para você e para os outros 180.

O Segredo Perdido da Liderança

Se você está atrás de uma fórmula mágica – algum provérbio sábio do passado – alguma citação em que alguém reúne tudo, este não é o segredo.

O segredo perdido da liderança está em uma única palavra: *Encorajamento*.

Encorajamento é A chave para autoestima maior, autoimagem maior, atitude maior, produtividade maior ainda e realização máxima.

Sempre que alguém está buscando concretizar uma tarefa, concretizar um projeto, se aproximar de um marco, ou competir por uma vitória, seu encorajamento pode ser exatamente as palavras que levam essa pessoa ao topo.

Como líder, você tem o poder de influenciar, e tem a opção de influenciar negativamente ou positivamente.

A maneira como encorajou seu filho de 1 ano a andar é a mesma maneira como deve encorajar seu pessoal a ter sucesso, a realizar e a vencer.

Existe um segredo mais profundo dentro do segredo: depois de ter encorajado, e depois de o encorajamento ter resultado em algum tipo de vitória – *celebre-o!*

Quando seu filho de um ano deu os primeiros passos, você celebrou? Se ele não tivesse andado rápido o suficiente ou logo, você teria ameaçado cortar a mesada ou não pagar a faculdade se ele não andasse dentro de duas semanas? Ou você teria continuado a encorajar –

continuado a animar até que ele finalmente desse esses primeiros passos – e então celebrado com beijos, abraços, fotos, ligando e contando para todos que supostamente ouviriam?

O IMPORTANTE A ENTENDER: Todo desempenho fraco é uma oportunidade para o encorajamento. Todo desempenho excelente é uma oportunidade para recompensar e celebrar.

O IMPORTANTE A FAZER: Converse em particular com cada membro de sua equipe esta semana. Conte para eles o que está acontecendo no dia a dia de cada um. Ofereça suporte com uma ideia. Dê tapinhas em suas costas e diga que estão fazendo um excelente trabalho. Encoraje-os a continuar se empenhando. Diga a eles que você os apoia e para que não deixem de lhe dizer se precisarem de algo.

A maneira como encorajou seu filho de 1 ano a andar é a mesma como deve encorajar seu pessoal a ter sucesso, a realizar e a vencer.

— *Jeffrey Gitomer*

Você Tem uma Missão? Ou Apenas uma Declaração de Missão?

Sua declaração de missão é de fato uma missão? Ou é um monte de baboseiras de marketing sobre como você vai dominar o mundo, superar as expectativas e criar valor para o acionista?

Perdoe-me, mas vou vomitar.

Dê uma olhada em qualquer declaração de missão corporativa ou declaração de visão. São todas encheção de linguiça. Nenhuma delas diz nada. Nenhuma delas significa nada. Oh, não me leve a mal. Algumas delas têm grandes ideais, mas o problema é que não existe um plano de implementação acompanhando. Nenhum executivo lê a declaração de missão e diz: "Tudo bem, pessoal, este é meu plano estratégico e seu plano de ação para implementarmos isso".

EIS A RAZÃO: O departamento de marketing limitado ou a agência de publicidade que criou a declaração de missão não é capaz de criar o plano de implementação.

Se você quer ser a empresa número um, *diga-me COMO você vai ser a empresa número um.* Se você quer superar as expectativas, *diga-me COMO vai superar as expectativas.* Se você quer criar valor para o acionista, *diga-me COMO vai criar valor para o acionista.*

Mostre um plano de implementação em que cada pessoa na empresa consegue entender a visão, consegue agir com base na visão e consegue se tornar proficiente e dominar a visão.

Caso contrário, será mais um pedaço de papel pendurado na parede. Nunca deixo de me surpreender com quantas pessoas num ambiente

corporativo não conseguem recitar a declaração de missão de sua própria empresa. Elas a veem afixada na parede do escritório e publicada na literatura da empresa, mas ninguém consegue recitá-la palavra por palavra.

Ei, sabichão, é a missão! Aquela em direção a qual você deveria marchar.

É a missão! E se as pessoas que a criaram não têm um plano de implementação para isso, por que alguém deveria se preocupar?

O IMPORTANTE A ENTENDER: Declarações de missão podem criar lealdade, tanto dos clientes como dos funcionários se, *e somente se*, existir um plano para implementar a missão.

O IMPORTANTE A FAZER: Teste a validade de SUA missão. Leve 20 pessoas a sua sala e peça que elas recitem a missão. BRINCADEIRINHA. Agora, ligue para seu pessoal de marketing. Peça para que visitem seus principais clientes e conversem com eles no nível de USO DE SEU PRODUTO OU SERVIÇO, onde podem descobrir o que de fato importa. Então diga ao marketing para criar uma verdadeira declaração de missão ou serão despedidos. E se for sua agência de publicidade quem está preparando a declaração, economize tempo. Demita-os sumariamente e ESCREVA SOZINHO.

O Princípio Garcia de Missão

Dica do Git GRÁTIS... Se você nunca leu "Mensagem a Garcia", agora seria um momento excelente! Acesse www.gitomer.com e digite a palavra GARCIA na caixa GitBit.

Escrito por Elbert Hubbard em 1899, trata-se de cumprir uma missão. O Presidente dos Estados Unidos pediu a um oficial do exército chamado Rowan: "Entregue esta mensagem a Garcia". E ele o fez.

À primeira vista, nada de especial. Missão cumprida. A razão por que este ensaio é um clássico há mais de 100 anos são as circunstâncias e as ações em torno desse feito. E quanto mais nós, como sociedade, tentamos exercer uma batida em retirada, mais relevante se torna a "Mensagem a Garcia".

Rowan aceitou a missão sem questionar. Perguntas que VOCÊ ou seu pessoal fariam são: "Quem é Garcia? Onde ele mora? Quanto tempo isso vai levar? Vão me pagar por isso? Vou estar de volta a tempo de pegar meus filhos na escola?".

Rowan não fez nenhuma dessas perguntas egoístas. ELE SIMPLESMENTE ENTREGOU A MENSAGEM.

Como é sua missão. O que é sua missão? Como ela está sendo entregue? Quem está entregando?

Implementar o princípio de "Garcia" de 1899 requer um melhor entendimento. Sua declaração de missão deve terminar com as seguintes palavras INDEPENDENTEMENTE DE QUALQUER COISA. Essas palavras indicam cumprimento, e o entendimento do que as pessoas estão dispostas a fazer para que isso aconteça. E indica a dedicação a um resultado de sucesso.

POR TRÁS da simples Mensagem a Garcia estão estas difíceis questões:

- **Quem é seu Garcia?**
- **Em quem você pode confiar?**
- **Com quem você pode contar?**
- **Por quem, se você lhes deu algo para fazer, você tiraria até o ÚLTIMO CENTAVO que tem no banco e apostaria que cumpririam a tarefa?**
- **Quão confiável você é?**
- **Suas ações correspondem a sua reputação?**

"A civilização busca ansiosamente por esses indivíduos. Nada que um homem desses peça deixará de ser concedido. Estão a sua procura em cada cidade, vila, aldeia, em cada escritório, oficina, loja ou fábrica. O mundo implora: ele é necessário e extremamente necessário – o homem que possa 'Levar uma Mensagem a Garcia'." – Elbert Hubbard.

Hubbard disse: "O mundo terá um lugar para o homem (ou a mulher) que possa entregar uma mensagem a Garcia". Temos esperança de que você seja um dos poucos homens ou mulheres capazes de entregar a mensagem.

FORÇA

12,5

DE LIDERANÇA EM LEGADO

A força de executar consistentemente liderança no nível de legado, para alcançar o legado merecido.

Você Tem Legado?

Todo mundo deixa um legado. A única questão é, *de que tipo?*

Cada ação, cada realização e cada vitória sua cria uma parte de seu legado a cada dia. O legado também inclui fracassos e recuperações. É por isso que a *resiliência* é um fator tão importante da maestria de sua liderança.

O legado importa não apenas a você, mas a todos que amam você e a quem você ama.

O legado importa a todos que buscam seguir você, ou sua filosofia, seus ensinamentos ou os exemplos que você deu ao longo de sua vida. E talvez inclusive àqueles que querem seguir seus passos.

Em algum ponto de sua vida, o legado se tornará importante para você. O meu se tronou importante em 22 de março de 1992. Este é o dia em que minha primeira coluna foi publicada no *Charlotte Business Journal.* Imediatamente percebi que se conseguisse escrever mais 100 colunas, eu teria um livro. Esse foi o começo de minha filosofia de legado.

Colunas levam a livros. Livros levam a um legado.

E assim, em novembro de 1994, quando *A Bíblia de Vendas* foi publicada, percebi que estava a caminho, mas não tinha ideia do que viria a seguir.

Instintivamente eu sabia que se simplesmente continuasse a escrever – mais coisas boas iriam acontecer. Isso foi 10 livros atrás. Isso foi três milhões de cópias vendidas atrás. Isso foi 500 vezes na lista dos mais vendidos atrás. Isso foi 2 mil palestras atrás.

Cada uma dessas realizações foi possível porque me dediquei à escrita. De mesma forma, você pode começar a dedicar suas ações a algo que levará a um bem maior. Um legado.

Agora tenho uma obra. Ou, eu deveria dizer estou a meio caminho de criar minha obra. Já publiquei mais de um milhão de palavras – seja em livros ou em artigos. Cada vez que algo novo é publicado, que outro marco é atingido, meu currículo de legado aumenta.

ADVERTÊNCIA: Um legado não me isentou de intercorrências na estrada. (Duas cirurgias, morte na família, e outras questões da vida pessoal e profissional.) Não existe legado sem luta. Certamente não existe legado sem desafios diários. A vida acontece enquanto você cria seu legado.

Você não desenvolve seu legado num único dia. Você cria seu legado dia após dia.

Certos Legados São Óbvios

Se eu citar os nomes Vince Lobardi, Glenn Warner, Abraham Lincoln, Napoleon Hill, Dale Carnegie ou John Wooden, o que lhe vem à mente? O que quer que você esteja pensando, entenda que essas pessoas são todas grandes "deixadoras" de legado. Todas essas pessoas causaram um impacto na vida dos outros dando exemplos e criando alguma forma de conscientização e aceitação global.

Vince Lombardi era duro como técnico e líder. Ele também era um encorajador e um vencedor. (Nota: Lobardi perdeu apenas um jogo de campeonato em toda sua carreira – dos Philadelphia Eagles 1960 – e eu estava lá, torcendo pelos Eagles!)

O recorde e o legado de John Wooden nunca serão igualados. Nove campeonatos da NCAA e uma vida de valores de liderança exemplares que ele registrou e vivenciou a cada dia.

Abraham Lincoln era apelidado de "Honesto Abe". Era parte de sua erudição, de sua filosofia e certamente seu legado. Como este apelido se aplicaria ao legado das pessoas mais celebradas atualmente? Independentemente de suas realizações daríamos o mesmo apelido a Bill Clinton? Honesto Bill? Honesto Barry (Bonds)? Honesto Roger (Clemens)? Honesto Pete (Rose)? Honesto Tiger (Woods)? Dificilmente. Qual é seu apelido?

Napoleon Hill e Dale Carnegie são os pais do desenvolvimento pessoal e da atitude positiva atuais. São autores que escreveram seus livros há mais de 70 anos e que continuam vendendo milhares de cópias anualmente.

Alguns não são conhecidos pelo nome, até que você conheça sua história. Glenn Warner era um guarda esquerdo durão e capitão do time de futebol americano da Cornell University no início de década de 1890.

Ele se tornou o principal técnico da Universidade da Georgia em 1895 com um salário US$34 por semana, permanecendo invicto em seu segundo ano. Foi técnico na Cornell e depois na Carlisle Indian Industrial School, onde treinou o legendário Jim Thorpe.
Então foi para a Universidade de Pittsburg onde venceu 33 jogos seguidos e três campeonatos nacionais, perdendo apenas 12 jogos em nove anos! Foi técnico de quatro outros times em sua carreira e venceu mais um campeonato nacional em Stanford.

Warner escreveu um livro sobre treinamento em 1912 (Eu tenho um exemplar da primeira edição). No livro, ele explica suas inovações revolucionárias no futebol americano. Ele contribuiu com muitas jogadas criativas para a modalidade universitária:

- **Screen pass**
- **Spiral punt**
- **Formações single-wing e double-wing**

- **O uso do ombro e thight pads**
- **Um capacete redesenhado e mais seguro para a cabeça**

Em março de 1934, o já lendário técnico de futebol americano universitário (Carlisle, Pittsburg, Stanford) Glenn Warner foi para a Filadélfia treinar os Owls da Temple University.

Um mês mais tarde, numa noite chuvosa de primavera, ele foi o único, dos sete outros técnicos universitários convidados, a aparecer para dar uma palestra num banquete e convenção de futebol americano juvenil que Frank Polumbo (mafioso famoso) e Joe Tomlin (famoso advogado da máfia) organizaram.

Para seu conhecimento, Glenn Warner tinha um nome do meio: "Pop".

No encerramento da noite, a Liga de Futebol Juvenil da Filadélfia foi renomeada de "Confederação Pop Warner."
Graças ao nome Pop Warner, a Confederação cresceu e em 1936 reunia 144 times. Os pais dos jovens da cidade começaram a creditar à Confederação o êxito em combater a delinquência juvenil. Em 1947, foi realizada a primeira copa Pop Warner de Natal.

Hoje, a Pop Warner Little Scholars (também conhecida como Pop Warner, Pop Warner Football e Confederação Juvenil de Futebol Americano) continua sendo uma organização sem fins lucrativos que oferece programas de futebol americano juvenil, animação de torcida e dança para participantes de 43 estados americanos e de vários países ao redor do mundo. Atendendo anualmente mais de 400 mil jovens com idades entre 5 a 16 anos, a Pop Warner é a maior e a mais antiga organização de futebol americano juvenil, torcida e dança dos Estados Unidos. É também a única organização de esportes para jovens com um requisito acadêmico.

ISSO É LEGADO.

Cada uma dessas pessoas de "legado", e milhares de outras como essas, trabalharam duro até o último minuto de seu último dia. *Seja uma delas.*

Deixe um legado desses.

Quer um grande legado?
- **Seja uma excelente pessoa**
- **Viva sua filosofia**
- **Seja feliz interiormente**
- **Tenha o máximo de desempenho consistentemente**
- **Dê mais do que recebe**

O IMPORTANTE A FAZER: Recomendo que você comece lendo histórias e biografias de líderes que criaram e deixaram legados. Líderes militares, líderes empresariais, treinadores e até mesmo políticos. Conheça a história deles e o que fizeram para criar seu legado. A história deles inspirará a sua.

Afirmações de Liderança

As afirmações a seguir devem ser lidas ao menos uma vez por mês. Afixe a lista numa parede com plena visibilidade. Use como papel de parede do computador. E grave para ouvir com frequência em seu iPod ou tocador de MP3:

Sou um líder.

Não tenho medo de decidir. Quando algo dá errado, enfrento a realidade e decido o que é melhor para todos, não apenas para mim.

Sei como responder imediatamente. Fazer o que é melhor. Fazer a coisa certa.

Sou sincero.

Eu arranjo uma saída sempre que posso.

Não tenho medo de falar sem um roteiro.

Não tenho medo de cometer um erro.

Eu assumo a responsabilidade por minhas decisões e meus erros – eu excluo a palavra "culpa" da equação de liderança.

Eu digo a verdade, portanto não tenho que atenuar minhas palavras ou lembrar do que disse.

Eu ganho respeito.

Eu ganho confiança.

Eu seleciono as melhores pessoas para me ajudarem a liderar (não meus melhores amigos) – eu atraio as melhores pessoas do país e as melhores pessoas do mundo.

Quando as pessoas oferecem ajuda, eu aceito a oferta sempre que posso.

Defino metas com meu pessoal, não para eles.

Eu apoio o que é certo.

Eu não recuo frente àqueles que buscam me prejudicar.

Eu não recuo frente àqueles que se opõem à liberdade.

Eu falo munido de força e convicção.

Eu ouço com a intenção de entender.

Eu não peço respeito, eu ganho.

As pessoas podem não gostar de minhas decisões, mas vão gostar de mim pessoalmente.

Sou resiliente.

Eu me recupero rapidamente e com uma atitude resiliente.

Sou determinado a fazer melhor da próxima vez.

Faço tudo que posso para construir e manter minha reputação.

Não sou apenas um líder. Sou um estudante de liderança.

A Regra de Ouro da Liderança, e da Vida.

Não acredito que a regra de ouro se aplique à liderança.

O mundo real de decisões instantâneas, segurança, sucesso, emergências, competição e eventos no limite da realidade podem criar um comportamento de liderança que obstrui a "filosofia da Regra de Ouro".

Nem sempre você pode empregar o processo "não faça aos outros...". Na verdade, isso nem mesmo passa por sua mente quando você toma decisões e delega tarefas.

Existe uma regra mais simples de liderança que ajudará você a realizar mais, causar menos dúvidas entre seu pessoal e de fato assegurar um sucesso de longo prazo – até mesmo um legado.

FAÇA A COISA CERTA O TEMPO TODO.

Simples, significativo, eficaz e poderoso.

Jeffrey Gitomer
Diretor executivo de vendas

AUTOR. Jeffrey Gitomer é o autor dos best-sellers do *New York Times A Bíblia de Vendas, O Livro Vermelho de Vendas, O Livro Negro do Networking, O Livro de Ouro da Atitude Yes! O Boom de Mídias Sociais,* entre outros. Todos os seus livros foram best sellers #1 no Amazon.com. Os livros de Jeffrey já venderam milhões de cópias no mundo inteiro.

FRENTE A MILHÕES DE LEITORES TODA SEMANA. A coluna de Jeffrey, "Sales Moves", é publicada em periódicos de negócios e jornais nos Estados Unidos e na Europa, e lida por mais de quatro milhões de leitores todas as semanas.

SALES CAFFEINE. O e-zine semanal de Jeffrey, *Sales Caffeine*, é um informativo de vendas enviado gratuitamente toda terça-feira de manhã para mais de 500 mil assinantes no mundo inteiro. O *Sales Caffeine* permite que Jeffrey comunique informações valiosas sobre vendas, estratégias e respostas a profissionais de vendas. Para tornar-se assinante, ou para mais informações visite www.salescaffeine.com.

MAIS DE 100 APRESENTAÇÕES POR ANO. Jeffrey ministra seminários públicos e corporativos, promove convenções anuais de vendas e conduz programas de treinamento presenciais e pela Internet sobre vendas, lealdade do cliente e desenvolvimento pessoal.

PRÊMIO DE EXCELÊNCIA EM APRESENTAÇÃO. Em 1997, Jeffrey foi nomeado Certified Speaking Professional (Palestrante Profissional Certificado) pela Associação Nacional dos Palestrantes. O prêmio CSP foi concedido menos de 500 vezes nos últimos 25 anos e é o mais alto título concedido pela associação.

HALL DA FAMA DO PALESTRANTE. Em 2008, Jeffrey foi eleito por seus pares para entrar no Hall da Fama dos Palestrantes. A designação, CPAE (Prêmio de Excelência do Conselho de Pares), honra palestrantes profissionais que alcançaram o mais alto escalão de excelência em desempenho.

NA INTERNET. Os Websites WOW!, de Jeffrey recebem mais de 100 mil visitas por dia dos leitores e participantes dos seminários. Sua presença na Web e recursos avançados de comércio eletrônico definiram o padrão entre seus pares e conquistaram grande apreço e aceitação dos clientes

TREINAMENTO DE VENDAS ON-LINE TRAINONE. Lições on-line de treinamento de vendas estão disponíveis no site www.trainone. com. O conteúdo é Jeffrey puro – divertido, pragmático, realista e imediatamente implementável. As inovações do TrainOne estão tornando o programa líder no campo de e-learning personalizado.

AVALIAÇÃO DE VENDAS ON-LINE. A primeira avaliação de vendas personalizada do mundo, rebatizada de "sucessment" irá não só avaliar suas competências em 12 áreas críticas do conhecimento de vendas, como também fornecerá um relatório diagnóstico que inclui 50 minilições de vendas. Esta incrível ferramenta de vendas avalia suas habilidades de vendas e explica suas oportunidades personalizadas de aprimoramento. O programa é apropriadamente chamado de *KnowSucess* (Conheça o Sucesso) porque você não pode conhecer o sucesso enquanto não conhece a si próprio.

ÀS DE VENDAS. O primeiro programa que ajuda de fato você a fazer vendas! Quer vender mais, fechar mais negócios E construir relacionamentos de lealdade? Às de Vendas é o bilhete premiado das vendas e oferece a você e a seu pessoal as ferramentas e o treinamento para atrair, engajar, diferenciar, agradecer, manter contato e impressionar os clientes. Para se registrar visite www.aceofsales.com.

TREINAMENTO EM LIDERANÇA RESILIENTE. Buy Gitomer e TrainOne firmaram uma parceria com o Centro de Estudos de Liderança e agora oferecem um curso sobre *Liderança Resiliente*. Este programa dinâmico irá testar suas forças, expor suas vulnerabilidades e reforçar sua resiliência como líder e como pessoa.

GRANDES CLIENTES CORPORATIVOS. Os clientes de Jeffrey incluem empresas como Coca-Cola, GE, Oracle, US Foodservice, Caterpillar, BMW, Verizon Wireless, MacGregor Golf, Fergusson Enterprises, Kimpton Hotels, Hilton, Enterprise Rent-A-Car, AmeriPride, NCR, Thomson Reuters, Comcast Cable, Raymond James, Liberty Mutual Insurance, Principal Financial Group, Wells Fargo Bank, Monsanto, BlueCross Blue Shield, Carlsberg, Wausau Insurance, Northwestern Mutual, MetLife, Sports Authority, GlaxoSmithKline, AC Nielsen, IBM, *The New York Post*, e centenas de outras.

Outros títulos de Jeffrey Gitomer

O BOOM DE MÍDIAS SOCIAIS
(M.Books, 2011)

O LIVRO AZUL DA CONFIANÇA
(M.Books, 2011)

A BÍBLIA DE VENDAS
(M.Books, 2011)

O LIVRO PRATA DO DINHEIRO EM CAIXA – DIN DIN!
(M.Books, 2010)

O LIVRO VERDE DA PERSUASÃO
(M.Books, 2010)

O LIVRO DE OURO DA ATITUDE YES!
(M.Books, 2008)

O LIVRO AZUL DE RESPOSTAS DE VENDAS
(M.Books, 2008)

O LIVRO NEGRO DO NETWORKING
(M.Books 2006)

O LIVRO VERMELHO DE VENDAS
(M.Books, 2004)

Impressão e Acabamento

arvato
BERTELSMANN
Arvato do Brasil Gráfica